# Neue Generation von Autoren geht als Eigenverleger andere Wege

Jörg Becker

## Der Autor

Jörg Becker hat Führungspositionen in der amerikanischen IT-Wirtschaft, bei internationalen Consultingfirmen und im Marketingmanagement bekleidet und ist Inhaber eines Denkstudio für strategisches Wissensmanagement zur Analyse mittelstandorientierter Businessoptionen auf Basis von Personal- und Standortbilanzen. Die Publikationen reichen von unabhängigen Analysen bis zu umfangreichen thematischen Dossiers, die aus hochwertigen und verlässlichen Quellen zusammengestellt und fachübergreifend analysiert werden. Zwar handelt es sich bei diesen Betrachtungen (auch als Storytelling) vor allem von Intellektuellem (immateriellen) Kapital nicht unbedingt um etwas Neues. Doch um neue Wege zu gehen, reicht es manchmal aus, verschiedene Sachverhalte, die sich bewährt haben, miteinander neu zu kombinieren und fachübergreifend zu durchdenken. Zahlen ja, im Vordergrund stehen aber „weiche" Faktoren: es wird versucht, Einflussfaktoren nicht nur als absolute Zahlengrößen, sondern vor allem in ihrer Relation zueinander und somit in ihren dynamischen Wirkungsbeziehungen zu sehen. Auch scheinbar Nebensächliches wird aufmerksam beobachtet. In der unendlichen Titel- und Textfülle im Internet scheint es kaum noch ein Problem oder Thema zu geben, das nicht bereits ausführlich abgehandelt und oft beschrieben wurde. Viele neu hinzugefügte und generierte Texte sind deshalbhalb zwangsläufig nur noch formale Abwandlungen und Variationen. Das Neue und Innovative wird trotzdem nicht untergehen. Die Kreativität beim Schreiben drückt sich dadurch aus, vorhandenes Material in vielen kleinen Einzelteilen neu zu werten, neu zusammen zu setzen, auf individuelle Weise zu kombinieren und in einen neuen Kontext zu stellen. Ähnlich einem Bild, das zwar auf gleichen Farben beruhend trotzdem immer wieder in ganz neuer Weise und Sicht geschaffen wird. Texte werden also nicht nur immer wiederholt sequentiell gelesen, sondern entstehen in neuen Prozess- und Wertschöpfungsketten. Das Neue folgt aus dem Prozess des Entstehens, der seinerseits neues Denken anstößt.

Das Publikationskonzept für eine selbst entwickelte Tool-Box: Storytelling, d.h. Sach- und Fachthemen möglichst in erzählerischer Weise und auf (Tages-) Aktualität bezugnehmend aufbereiten. Mit akademischer Abkapselung haben viele Ökonomen es bisher versäumt, im Wettbewerb um die besseren Geschichten mitzubieten. Die in den Publikationen von Jörg Becker unter immer wieder anderen und neuen Blickwinkeln dargestellten Konzepte beruhen auf zwei Grundpfeilern: 1. personenbezogener Kompetenzanalyse und 2. raumbezogener Standortanalyse. Als verbindende Elemente dieser beiden Grundpfeiler werden a) Wissensmanagement des Intellektuellen Kapitals und b) bilanzgestützte Decision Support Tools analysiert. Fiktive Realitäten können dabei manchmal leichter zu handfesten Realitäten führen. Dies alles unter einem gemeinsamen Überbau: nämlich dem von ganzheitlich durchgängig abstimmfähig, dynamisch vernetzt, potential- und strategieorientiert entwickelten Lösungswegen.

# Management Overview

Der richtige Umgang mit der Unbestimmtheit und Komplexität bestimmter Entscheidungssituation betrifft Eigenverleger ebenso wie Standorte oder Regionen. Letztlich ist jedermann bis auf die Ebene seiner individuellen und persönlichen Lebensgestaltung betroffen: niemand kann sich spätwirkenden Folgen daraus auf Dauer entziehen. Es gilt, für solche Herausforderungen so etwas wie ein strategisches Gespür zu entwickeln. Alle unterliegen einem gewissen Druck zur Öffnung bisher als festgefügt und stabil erlebter Strukturen. Früher stand am Anfang von Unternehmen meist eine Erfindung, ein mühsam entwickeltes Produkt. In der Old Economy vergrub sich ein werdender Unternehmer mit einem Traum oder einer Idee in einer Werkstatt oder in einem Labor, bis er nach langen Zeiten des Experimentierens dann endlich mit einem Produkt an die Öffentlichkeit trat. Heute dagegen starten manche Eigenverleger quasi in Serie einen Online-Marktplatz nach dem anderen. Scheitert ein Projekt, wird schon das nächste hervorgezaubert, der Vorrat an Ideen scheint groß.

Während vor der Digitalwirtschaft der Gang ins Ausland ein großes, manchmal kaum noch kalkulierbares Risiko war, ist eine Auslandsniederlassung heute im Internet im Handumdrehen eröffnet (ein Klick schaltet die Plattform heute frei und kann sie morgen bereits wieder schließen). Tempo ist alles, langsam gibt es im Internet nicht. Manche Ideen gehen auf, andere eben nicht. Eigenverlage solcher Art sind also immer auch Wetten auf die

Zukunft. Das anfangs benötigte Kapital wird meistens aus eigenen Mitteln aufgebracht (oder von Bekannten/Freunden, die geradezu gierig nach neuen Ideen sind, um sich aus diesem Strauß wie Perlentaucher das nach ihrer Meinung beste Geschäftsmodell heraussuchen zu können. Da eine dynamische Volkswirtschaft weiß, was sie an ihren Gründern hat, stehen begleitend auch Förderprogramme zur Verfügung.

Ob man die Beschleunigung der digitalen Welt nun als Genuss oder doch eher als atemlosen Stress empfindet hängt wohl nicht zuletzt davon ab, an welcher Markierung des Zeitstrahl man geboren ist. Wer seinerzeit noch auf klappriger Schreibmaschine tippte oder in Bibliotheken endlos nach Büchern stöberte wird das beschleunigte Lebenstempo vielleicht anders empfinden als jene, die mit ihrem Smartphone quasi verschmolzen sind. So wie es früher beschaulicher zuging, wurden durch den Zeitverbrauch auch viele Alternativen zunichte gemacht (der Druck der Alternativen war geringer). Vieles war einfacher: der Rahmen für Entscheidungen blieb für längere Zeiträume konstant. Da sich die Welt nicht so rasend schnell zu verändern schien, blieb die Unsicherheit in Fragen der Berufs- und Lebensplanung vergleichsweise überschaubar. Die aber im Zeitalter der Beschleunigung aufwachsen, kennen nichts anderes. Beschleunigung wird mit großer Selbstverständlichkeit ge(durch)lebt.

Es gibt keinen anderen Fortschritt als den, den es gibt: die Gegenwart war schon alternativlos, als sie noch Zukunft war.

Erwerbsarbeit dringt mittlerweile tiefer denn je in das Alltagsleben ein, Aufbau von Humankapital ist zu einem zentralen Thema geworden, Karriereplanung beginnt bereits im Kindergarten, das Individuum verwirklicht sich in seiner höchsten Form als Ich-AG. Jeder Student der Betriebswirtschaft hat einmal gelernt: Fallen die Preise (aufgrund des Wettbewerbs) bei ständig steigender Produktion, erreichen sie irgendwann einmal den Punkt, ab dem sie keine Gewinne mehr einbringen und die Grenzkosten für jede zusätzlich produzierte Einheit gegen Null tendieren. In Ansätzen beispielsweise bereits zu besichtigen an der Entwicklung von Print- zu Online-Publikationen. Man kommt kaum noch hinterher, wie ein immer schneller aufschaukelnder Wandel Wirklichkeit wird: während man sich noch wundert, steht bereits die nächste technische Neuerung (oder gar Revolution) ins Haus.

Den Wert einer Firma ermittelt man immer mehr dadurch, indem man auf das Verhältnis von Daten, Informationen und Wissen schaut. Wer sich „informationalisieren" kann, wird letztlich besser dastehen als jene, die dies nicht können. Alle die darüber hinaus vorhandene Wissensbestände zu nutzen wissen, können noch erfolgreicher sein. Zwischen Informations-produzenten und Informationskonsumenten werden neue Interaktionsformen realisiert. Es geht um die Lösung der Fragen: wie können Eigenverleger mit der Dynamik des sie umgebenden Umfeldes mithalten? aus welchen individuellen und kollektiven Wissensbeständen setzt sich die Wissensbasis zusammen, auf die ein Eigenverleger bei seiner Arbeit zugreifen kann? besitzen er die notwendigen Fähigkeiten, um das vorhandene Informationsangebot produktiv nutzen zu können? Seit es die Möglichkeiten der Selbstpublikation gibt, hat die Betreuung von Autoren durch Lektoren vollends an Bedeutung eingebüßt. Einstige Tätigkeiten des Lektorats wie Fahnenkorrektur, Registererstellung u.a. werden auch von traditionellen Verlagen bereits ohnehin seit langem auf Autoren ausgelagert. Wenn ein großer Teil des Kerngeschäfts auf Autoren (und freiberufliche Lektoren) verlagert wird und fest angestellte Lektoren mehr oder weniger nur noch Verlagsmarketing betreiben (dürfen), geht dies mehr in die Richtung von Eigenverlegern, die als Autoren dann eben das Komplettlektorat gleich vollständig selbst ausfüllen (müssen).

Vorteile des Eigenverlegers als Lektor: wenn er bei traditionellen Fachverlagen ohnehin schon zur Übernahme von ursprünglichen Kernfunktionen eines Lektors gezwungen ist, kann er sich nunmehr als selbständiger Unternehmer auch den noch verbleibenden Restarbeiten annehmen und dafür eine deutlich verbesserte Marge auf seinem Konto verbuchen. Mit dem Vordringen von online-Buchshops und starken Vertriebskanälen auch außerhalb des stationären Buchhandels verliert auch das ursprünglich monopolartige Verlagsmarketing weiter an Bedeutung.

Der schöpferische Akt ist das Bindeglied der verschiedensten kultur- und kreativwirtschaftlichen Aktivitäten. Die hergestellten Produkte und Dienstleistungen können literarische, musische wie auch architektonische Inhalte haben. Diese sind somit kulturell wie künstlerisch, d.h. immer sehr kreativ. Die gesamte Wertschöpfung liegt in Deutschland nach Angaben des Wirtschaftsministeriums bei über 60 Milliarden Euro, was einem Anteil von 2-3 % am gesamten Bruttoinlandsprodukt beträgt. Damit läge die Kultur- und Kreativwirtschaft nach ihrem volkswirtschaftlichem „Euro-Gewicht" nicht weit hinter der Automobilindustrie und noch vor der Chemieindustrie. Von ihrem Image- und Unterhaltungswert her dürfte dieser Bereich ohne Konkurrenz sein. Gleiches gilt unter dem Aspekt des Erwerbs und Transfers von Wissen. Die Kultur- und Kreativwirtschaft ist ein Hort der Beschäftigungschancen für Dienstleister, Selbständige und Freiberufler.

Self Publishing hat Autoren viele Freiheiten und neue Märkte beschert: es befreit von frustierenden Anfragen (Betteln, Enttäuschungen) bei Verlagen und bringt höhere Margen. Wer sein Buch (oft kostenlos) bei einem der spezialisieren Dienstleister einstellt bekommt vielfach bis zu siebzig Prozent des Netto-Verkaufspreises, die weltweite Veröffentlichung in unbegrenzter Auflage dazu (ohne weitere Grundgebühren). Der Eigenverleger muss hierfür seine Nutzungsrechte auch nicht abtreten oder sich um die Abrechnung kümmern. Dem Eigenverleger wird also der Einstieg in einen aufstrebenden Marlt eröffnet. Dabei ist insbesondere die Erfassung von Intellektuellem Kapital (Wissen, Kreativität u.a.) von Vorteil: vor allem deshalb, weil übliche Bilanzen nur die finanzielle und materielle Vergangenheit widerspiegeln. Es ist auch immer das

Ungewisse, d.h. die sogenannten „weichen" Faktoren, die Märkte vorantreiben.

Die Beschäftigung mit dem Intellektuellen Kapital eröffnet Wege, sich die Sensibilität für Veränderungen zu bewahren. Diejenigen, die sich einzig auf materielle Faktoren verlassen, werden träge und weniger sensibel gegenüber Marktveränderungen. Das Gefühl für den Markt sollte in einer Kombination aus Intuition und scharfem Gespür entwickelt werden (als Eigenverleger man muss den Markt erleben und einatmen). Zu den Erfolgsfaktoren eines Eigenverlegers zählt neben dem Faktor Information verstärkt auch der Faktor Kommunikation. Er muss sich Methoden, Instrumente und Wege aneignen, um aus Daten aus unterschiedlichen Quellen und Plattformen Informationen zu destillieren, d.h. Daten müssen in Wissen veredelt werden. Für den Eigenverleger mit seinen vielfältigen Kommunikations- und Informationsaustauschbeziehungen kommt es darauf an, dass diese zu Wissen veredelten Daten in die richtigen Kommunikationskanäle gelangen: Kommunikation in allen ihren Facetten wird damit zum wichtigen Alleinstellungs- und Differenzierungsmerkmal: im Kampf um Kunden müssen hierfür optimierte Konzepte und Verfahren entwickelt werden.

Sicher ist, dass die Flutwellen dieser Entwicklung sowohl die Medien als auch insgesamt die Kommunikation des Eigenverlegers Unternehmen erreicht haben. Das ökonomische System wird für die „Messfühler" des Mediensystems insbesondere dann relevant und interessant, wenn es veröffentlichungswürdige und -fähige Ereignisse und Entwicklungen, d.h. wenn es selektionswürdige Themen zu bieten hat. Während in der Vergangenheit Eigenverleger eher passives Opfer als aktive Träger bei der Einführung von Informationstechnologien waren, hat sich hier im Wege der Entwicklung auch ein Wandel in der Rollenverteilung vollzogen: mit dezentralisierten Informationssystemen begann eine Reise, auf deren Weg jeder „Informationskunde" an seinem jeweiligen Aufenthaltsort flexibel auf die von ihm benötigten Informationen zugreifen kann - und dies so selbstverständlich wie beim Griff zum Telefon.

Auch mit öffentlich-rechtlichen Geldern produzierte Beiträge werden laufend ins Netz gestellt, um bereits wenig später danach mit immensem, wiederum öffentlich-rechtlich finanziertem Aufwand wieder gelöscht zu werden (die Leere hinter dem Link). Besser für einen Eigenverleger wären also Themen mit Langfrist-Charakter, die auch noch nach ein oder mehr Jahren nicht in der Versenkung verschwinden müssen. Themen, bei denen es weniger auf brandheiße, quasi im Sekundentakt zu verbreitende "Neuigkeiten" oder Schlagzeilen ankommt, sondern eher das über Zeiträume hinweg geduldige Beobachten samt qualifizierter Aufbereitung der gesammelten Informationen im Vordergrund steht. Auch langjährig bestehende Online-Texte können vor diesem Hintergrund noch ihre Berechtigung beanspruchen. Wie ein guter Wein entfalten sie ihre volle Reife erst mit der Zeit und werden trotz ihrer anfänglichen Unscheinbarkeit dann doch noch wahrgenommen.

Koordinationsaufgaben rücken das Self Publishing in die Nähe der Unternehmensführung. Es kommt zu einer übergreifenden Koordination von Strukturelementen und Prozessen. Besonders deutlich sind Interdependenzen zwischen Logistik und Qualitätssicherung erkennbar. Ebenso steht die Kommunikation im engen Zusammenhang zu allen übrigen Subsystemen. Die Effizienz einer Kooperation ist umso höher, je besser sämtliche Strukturen und Prozesse koordiniert sind. Allerdings muss sich diese Anforderung gegen die oft sehr speziellen Vorgaben einzelner Funktionsbereiche, wie bestimmte einheitliche Strategien der Qualitätssicherung, durchsetzen. In der Kooperation mit Zulieferern und Dienstleistern (Druck, Vertrieb von Publikationen) muss in einzelnen Subsystemen eine genaue Abstimmung erfolgen. Die Grundlage eines steuernden und regelnden Controlling besteht in der Feststellung und Analyse von Abweichungen. Für das Kooperations-Controlling können solche Abweichungen auf der Ebene der Potentiale auftreten, indem sich diese verändern oder Gestaltungsziele nicht erreicht werden. Abweichungen auf der Ebene der einzelnen Kooperationsprozesse können beispielsweise in Qualitätsmängeln, Terminüberschreitungen oder Verzögerungen in der Informationsübermittlung liegen.

Wissensmanagement ist für alle ein Muss, die ihre Markt- und Wettbewerbsposition in der heutigen Wissensgesellschaft behaupten und ausbauen wollen: in der informationsbasierten Arbeitswelt finden gewaltige Umstrukturierungen statt, d.h.: wenn der Wettbewerb immer weniger über Faktoren wie Kosten oder Finanzmittel gewonnen werden kann, muss nach anderen, tiefer liegenden, bisher noch ungenutzten Faktoren gesucht werden. Während das Management klassischer Produktionsfaktoren schon sehr weit ausgeschöpft ist, wird das Management der Wissens-Rohstoffe seine Zukunft noch vor sich haben. Was ist Erfolg? Erfolgreich ist ein Eigenverleger, wenn er sich langfristig auch unter schwierigen Rahmenbedingungen im Wettbewerb behaupten kann. Die Erfolgsfaktorenanalyse dient dem Zweck, zentrale Einflussgrößen für den Gesamterfolg des Unternehmens ausfindig zu machen. Es soll systematisch nach Schlüsselfaktoren gesucht werden, die die Erfolgsperspektiven von Strategien maßgeblich beeinflussen. Einige typische Merkmale für Geschäftserfolge können sein: sich auf Gebiete konzentrieren, in denen man bereits stark ist. Oder: gründlich vorausplanen, bevor man Projekte in Angriff nimmt. Oder: in den Erfolg investieren, indem man gute Projekte voll und ganz unterstützt. Oder: schwache Projekte frühzeitig erkennen und beenden. Oder: Hindernisse beseitigen, damit gute Ideen nicht immer wieder blockiert werden.

Mit den auf den Markt drängenden Eigenverlegern entstehen neue publizistische Inseln. Viele dieser Eigenverleger haben erkannt, dass ihr bisheriger Karriereweg nicht mehr gangbar ist und wollen nicht weiter am Mast eines sinkenden Schiffes hochklettern müssen. In einer Welt, die immer erklärungsbedürftiger wird sind sie (auch aufgrund immer besserer technischer Möglichkeiten) von sich neu bietenden Gewinnperspektiven überzeugt. Gleichwohl bleibt es schwierig, bei so viel Veränderung nicht aus der Zeit zu fallen. Das Internet wirbelt gleich vieles durcheinander: neue Anbieter, neue Medienkonzepte und gleichzeitig neue Wege, Inhalte spontan und weit streuen zu können. Die Neuen lassen sich nicht mehr mit den klassischen Print-Medien über einen Kamm scheren. So haben sich rund um das E-Book neue Geschäftsmodelle entwickelt, etwa das digitale Selfpublishing (eine Entwicklung, die von vielen mit Interesse verfolgt wird).

Während im bereits weiter entwickelten Belletristik-Bereich die Masse und Menge ausschlaggebend sind (Romane von 200-400 Seiten als günstiger Lesestoff) steht im sich gerade entwickelnden Markt für Fach- und Sachbüchern die Qualität der Inhalte im Fokus (hier können es auch schon einmal nur 20-30 Seiten sein). *Marktchancen für Eigenverleger:* Wirtschaftswissen ist manchmal steril, Geschichten dagegen sind ansteckend und verbreiten sich schneller. Selbst dann, wenn offen ist, ob die Pointe wirklich wahr und der behauptete Zusammenhang korrekt ist. Fiktive Realitäten können manchmal leichter zu handfesten Realitäten führen. Mit Ausnahme einiger Außenseiter beschäftigen sich Ökonomen mit Storytelling bisher eher selten. Erzählungen gelten als wissenschaftstheoretisch minderwertig, da sie einer anderen Logik als der einer Falsifikation folgen. „Mit akademischer Hochnäsigkeit haben die Ökonomen es bisher versäumt, im

Wettbewerb um die besseren Geschichten mitzubieten. Diese Lücken können Eigenverleger als Marktchance begreifen (und danach handeln). Für Eigenverleger ist es bereits ein (unschätzbarer) Vorteil, wenn bei der Suche nach einem Verlag die Anbiederung entfallen kann und wenn Ausstattung und Inhalt allein vom Eigenverleger selbst entschieden werden können.

Der Eigenverleger hat alle Möglichkeiten, seine Bücher so umzusetzen, wie er sich das vorstellt, um damit Geld zu verdienen. Wenn der Eigenverleger nicht nur Einzelbücher, sondern eine komplette Buchreihe auflegen will, wird er bei einem Verlag ohnehin vor eher verschlossenen Türen stehen. Von einem Eigenverleger müssen manche Stromschnellen gemeistert und in die Tiefe ziehende Strudel umschifft werden. Das schönste Schiff mit der besten Ladung nützt wenig, wenn es von seinem Steuermann in gefahrvollem Gewässer auf Grund gesetzt wird. D.h. in diesem Bild nützt auch der beste Businessplan mit ausgefuchstem Finanzierungskonzept nichts. *Eine gute und sorgfältige Vorbereitung ist für den Eigenverleger wichtig*: Versäumnisse hierbei können sich im Laufe eines Projektes potenzieren. Zu den typischen Problemen zählen u.a. eine mangelnde Zieldefinition, To-do-Listen ersatzweise für echtes Projektmanagement, keine Betrachtung des Umfeldes (kann zu unvorhergesehenen oder ungewollten Wechselwirkungen oder nicht berücksichtigten Einflüssen führen), keine Betrachtungen der Wirkungsbeziehungen zwischen einzelnen

Arbeitspaketen, nicht realistische Ergebniserwartungen (Zeit, Kosten, Qualität) oder fehlende Ressourcen.

Noch vor Beginn des Projektstarts muss die Verträglichkeit (Kostensenkung und gleichzeitige Qualitätssteigerungen könnten sich beispielsweise konträr gegenüberstehen) der definierten Zielvorstellungen geprüft werden. Projektziele sind nicht nur zum Projektanfang wichtig, sondern müssen fortlaufend aktiv betrachtet und gegebenenfalls aktualisiert werden. Darüber hinaus sollten Ziele mit ihren jeweiligen Prioritäten gewichtet und in einer Zielhierarchie strategisch gebündelt werden. Zu den Einflussfaktoren des Umfeldes sollten zusätzlich Risiken zugeordnet und analysiert werden. Eigendynamik einer Situation bedeutet, dass sich die Dinge auch ohne steuernde Eingriffe von außen selbständig entwickeln können und nicht unbedingt von einem Problemlöser oder Entscheider abhängen. Dadurch bedingt ist eine nur begrenzte Verwertbarkeit von Handlungskonzepten. D.h. auch in der Vergangenheit bewährte Konzepte können nur bedingt auf eigendynamische Situationen übertragen werden. Eine Situation ist undurchsichtig, wenn die ihr innewohnenden Entscheidungsvariablen und Einflussfaktoren nur unscharf sichtbar gemacht und zugeordnet werden können. Diese Intransparenz ist meist eine Folge von fehlenden oder unzureichenden Informationen. So kann es sein, dass dann Entscheidungen nur auf der Basis von Stellvertreterinformationen und Symptomen getroffen werden können (Bauchentscheidungen).

*Eigenverleger im Umfeld von Disruption:* viele, die etwas auf sich und ihre Fortschrittsgläubigkeit halten geht es nur noch mit Startup-Spirit (Scheitern heißt gewinnen), einem coolen Büro, Und das alles nur, weil jeder knochentrockene Typ von einst den Glauben hat, sich jetzt und jederzeit mit den Apples im Silicon Valley messen zu müssen. Und im Zentrum dieses Sturmwirbels steht immer wieder die Disruption, eine Revolution, eine neue Idee, die alles ändert, und zwar auf einen Schlag. Alte Firmen gehen unter, neue (im Zweifel aus Kalifornien herkommend) tauchen auf und nehmen sich alles: „wer nicht aufpasst, so lehrt die Kodak-Fabel, der wird disruptetd, zerlegt von blutjungen Startups" Ein Rudel „fresswütiger Hyänen", die „so klein und machtlos aussehen, bis man merkt –wenn es zu spät ist- dass sie umwerfend zerstörerisch sind. Etablierte scheitern, wenn sie von umstürzenden Innovationen attackiert werden: plötzlich ist überall nur noch Disruption. Eine Geschäftsidee muss, soll sie erfolgversprechend sein, disruptiv sein (sonst fließt kaum Startkapital). Das Geschäft muss skalierbar, d.h. nahezu unbegrenzt und unendlich „ausrollbar" sei, mit Grenzkosten gegen Null tendierend. Der Amazon-Chef brachte dies auf den Punkt: „alles, was die Kunden lieber mögen als das, was sie vorher gekannt haben, ist disruptiv".

Die einen in der Eigenverlegerszene treiben die rasante Entwicklung durch einen fortwährenden Strom an Innovationen, die anderen sind Getriebene und geraten unter Druck. Für Eigenverleger entsteht der höchste Veränderungsdruck bei

Liquiditätsproblemen oder wenn die Überschuldung droht. Veränderungsnotwendigkeit kann aber auch schon dann bestehen, wenn die gegenwärtigen Ergebnisse (noch) stimmen, jedoch die Erwartungen für die Zukunft deutlich eingetrübt sind. Auch wenn sich Leserwünsche ändern und ein Eigenverleger durch Wettbewerb bedroht wird. Zu den alltäglichen Bedrohungen zählt auch der Innovationswettbewerb, der innerhalb der bestehenden Produkt- und Dienstleistungskategorien (eigentlich ständig) stattfindet. Manche Eigenverleger müssen sich im Prinzip bereits schon deswegen verändern, um so zu bleiben (können), wie sie sind. Dagegen geht es in einer disruptiven Umwelt nicht mehr (nur) um das Rennen um bessere Bücher, Preise und Qualität. Vielmehr wird ein ganz neues Spiel gespielt.

Geschäftsmodelle aus der digitalen Welt lassen sich an vielen Stellen einer Volkswirtschaft verorten: „Volkswirtschaften mit einem höheren Anteil digitaler Geschäftsmodelle und Infrastruktur erzielen einen Einkommensvorteil…..durch digitale Technologie werden traditionell regional begrenzte Zusammenhänge geöffnet und vernetzt, Geschäft mit nahezu unbegrenzten Mengengerüsten möglich, und der Aktionsradius für wirtschaftliche Akteure wird erweitert". Die Digitalisierung ist der herausragende Einflussfaktor für fast alle wirtschaftlichen und sozialen Beziehungen, betroffen sind unterschiedliche Muster der Arbeitsteilung: im Beziehungsgeflecht zwischen Verlagen und Autoren. Die Neuerfindungen digitaler Geschäftsmodelle sind weder an Ort noch an eine bestimmte Kultur gebunden. Mit der Digitalisierung lassen sich auch alte Ideen ökonomisch neuartig nutzen. Die Wahrscheinlichkeitsabhängigkeit einer Situation bedeutet, dass Zusammenhänge und Verknüpfungen nur an der Oberfläche erkennbar sind und ihre Ursachen und Auswirkungen nach statistischen Gesetzmäßigkeiten zu erwarten sind. D.h. Entscheidungen sind in dieser Situation mit einem bestimmten Risiko (Wirkungsunsicherheit) behaftet. Nachhaltiger Erfolg kann sich für einen Eigenverleger vor allem dann einstellen, wenn er sich den Problemen der Komplexität, Dynamik und Vernetzung einer Entscheidungssituation stellt.

## Themen-Leitfaden

Ein Eigenverleger wird von Gefahren und Unwägbarkeiten begleitet

Projektmanagement - Fehler vor oder beim Projektstart können sich im weiteren Verlauf aufsummieren

Der typische Wert einer Erscheinung - Mittelwert als Ersatzwert für die Mannigfaltigkeit

Typisch für Eigenverleger sind Eigendynamik und Undurchsichtgkeit mancher Entscheidungssituationen – es braucht strategisches Gespür für Unbestimmtheit und Komplexität

Zuordnung auf Einflussfaktoren und Maßnahmen: da die Planung kein von sonstigen Prozessen losgelöstes Kennzahlensystem sein sollte, kann sie ihren vollen Nutzen auch erst dann bringen, wenn sie mit den Kernprozessen des Eigenverlegers integriert wird

Entscheidungen, die sich im Kopf abspielen sind wie eine Mathematik ohne Zahlen


Eine Volkswirtschaft und ihre digitalen Geschäftsmodelle

Potentialanalyse rückt Verbesserungsmöglichkeiten ins Blickfeld

Eigenverleger mit einer Wette auf die Zukunft – neue Generation von Autoren geht andere Wege - es braucht eine kreative Kultur, die Ideen-Tötung verhindert

Vergleiche als Indikatoren für Veränderungen - nichts wird je so gut, dass man es nicht noch verbessern kann

Kooperationen bedürfen der ständigen Ausschöpfung von Rationalisierungspotentialen und Möglichkeiten der Leistungsverbesserung sowie einer durchgehenden Erhaltung der Funktionstüchtigkeit

Zeitalter der Beschleunigung, Diktat der Ökonomie, Ökonomie des Teilens

Digitales Publizieren, der Eigenverleger als Lektor – Basis- und Komplettlektorat –Verlagsmarketing – Gewinn an Flexibilität, Zeit und Marge – Stilmittel für die Selbstvermarkung

Eine Wissensbilanz bündelt die strategischen Kernkompetenzen

Schöpferische Vielfalt mit Innovationsdynamik - Grundlage für eine Standortanalyse der Kultur- und Kreativwirtschaft allgemein ist zunächst einmal eine möglichst genaue Abgrenzung des Untersuchungsgegenstandes

Im Management-Cockpit eines Eigenverlags werden Bezugsgrößen benötigt, die anzeigen, ob etwas als eher besser oder eher schlechter anzusehen ist

Self Publishing Management bedeutet: strategische Entscheidungen auf Basis aktueller und maßgeschneideter

Informationen treffen zu können, Marktwissen und Fachkenntnis müssen auch in einem schnelllebigen Marktumfeld mit genauen Analysen unterstützt werden können

Bei disruptiven Marktverhältnissen gibt es für Eigenverleger nicht nur Risiken, sondern auch Chancen zu bedenken - der Übergang von der Industrie- zur Informationsgesellschaft hängt auch davon ab, ob auch die nichttechnischen Bedingungen erfolgreich beherrscht werden können

Wissen ist Kapital - nichtfinanzielle Werttreiber sind wie ein Sockel unter der Wasseroberfläche, der oft den größeren Teil des Eisberges der Performance ausmacht

Leben mit der steigenden Informationsflut - Gefahren der Verwechslung virtueller Realität mit Realität müssen ernst genommen werden

Wissensvorsprünge in konkrete Nutzungsstrategien umsetzen - Wissensmanagement ist „der" Stellhebel für Zukunftsfähigkeit

Ausschöpfung von Rationalisierungspotentialen und Möglichkeiten der Leistungsverbesserung - durchgehende Erhaltung der Funktionstüchtigkeit

Neue publizistische Inseln für Eigenverleger – Zukunft mit Verzicht auf zwischengeschalteten Verleger selbst erfinden

Manchmal braucht man eine Geschichte, um einen Sachverhalt unter die Leute zu bringen, um ihre Aufmerksamkeit zu gewinnen, um Zusammenhänge plastisch zu beschreiben

Die Zahl der Autoren, die den klassischen Verlag (sofern er sich nicht grundlegend ändert) für ein Auslaufmodell halten und auf die Seite der Eigenverleger wechseln, nimmt zu

## Zeitalter der Beschleunigung

Fortschrittsstreben in der Zeitfalle –Berufs- und Lebensplanung – Generationsunterschiede – Tempo ohne Schrecken. Unter Themenkomplexen wie beispielsweise Zeitwohlstand, Zeitnotstand oder Zeitsouveränität machen sich kluge Köpfe darüber Gedanken, ob wir nicht längst zu Sklaven unseres eigenen Fortschrittstrebens geworden sind. U.a. wird befürchtet (definitiv festgestellt), dass neue Möglichkeiten der Zeiteinsparung nur noch mehr Zeitnot produzieren würden. Wenn es denn ein Genuss ist, sich vom neuen Lebenstempo davontragen zu lassen, kommt kaum jemand umhin sich zu disziplinieren, um auch einmal ein paar Stunden in Muße zu verbringen. Ob man die Beschleunigung der digitalen Welt nun als Genuss oder doch eher als atemlosen Stress empfindet hängt wohl nicht zuletzt davon ab, an welcher Markierung des Zeitstrahl man geboren ist. Wer seinerzeit noch auf klappriger Schreibmaschine tippte oder in Bibliotheken endlos nach Büchern stöberte wird das beschleunigte Lebenstempo vielleicht anders empfinden als jene, die mit ihrem Smartphone quasi verschmolzen sind.

So wie es früher beschaulicher zuging, wurden durch den Zeitverbrauch auch viele Alternativen zunichte gemacht (der Druck der Alternativen war geringer). Vieles war einfacher: der Rahmen für Entscheidungen blieb für längere Zeiträume konstant. Da sich die Welt nicht so rasend schnell zu verändern schien, blieb die Unsicherheit in Fragen der Berufs- und

Lebensplanung vergleichsweise überschaubar. Die aber im Zeitalter der Beschleunigung aufwachsen, kennen nichts anderes. Beschleunigung wird mit großer Selbstverständlichkeit ge(durch)lebt. Dass Konsequenzen in Zeiten des rapiden Wandels weniger vorhersehbar sind, stört dabei nur wenig. Alles virtuell und in Echtzeit, darauf kommt es an. Ein Nachlassen des Tempos würde wohl eher als langweilig empfunden.

## Diktat der Ökonomie

Golden Age und Nostalgie – Leben vor der Apple-Uhr – Durchökonomisierung der Lebensbereiche – globale Datenkommune und Kapitalmaschine. Von Nostalgie spricht man, wenn in der Erinnerung alles (vieles) schöner und besser war, d.h. vergangene Zeiten idealisiert und verklärt reflektiert werden, das sogenannte „Golden Age". Nostalgie muss aber nicht heißen, dass man sich (noch) ein Leben ohne Apple-Uhr vorstellen kann. D.h. ohne eine Uhr: die Schritte zählt, Termine organisiert, Nachrichten verschickt, Wege findet, Grüße per Druck aufs Handgelenk sendet, den Herzschlag ihres Träger aufzeichnet und, und, und. Nostalgie muss auch nicht heißen, dass man sich (noch) ein Leben mit Bargeld vorstellen kann. D.h. ohne mobiles und kontaktloses Bezahlen.

Dinge der digitalen Revolution schleichen sich immer nach dem gleichen Muster in das tägliche Leben: es beginnt mit einigen Technik-Freaks, wird dann zum Statussymbol für wohlhabende Fortschrittsfreunde und macht dann selbst Kinder süchtig. Niemand möchte in den Verdacht geraten, mit dem rapiden „Fortschritt" nicht im reinen zu sein. Das Internet der Dinge verspricht wahre Wunderding wie u.a. schlaue Häuser, selbstfahrende Autos, den Schlaf steuernde T-Shirts, Puls messende Pflaster, selbst nachbestellende Kühlschränke oder Autos aus dem 3D-Drucker. „Es gibt keinen anderen Fortschritt als den, den es gibt: die Gegenwart war schon alternativlos, als sie noch Zukunft war."

So waren die 60er Jahre eine Ära schöpferischer Zerstörung angeblicher kapitalistischer Systemzwänge. Die Diktatur der Ökonomie über die Menschen wurde vor dem Hintergrund stetigen Wachstums für endgültig besiegt erklärt. Aus heutiger Sicht scheint es, dass dies nur eine Zwischen- und Übergangsphase war, denn:
Erwerbsarbeit dringt mittlerweile tiefer denn je in das Alltagsleben ein,
Aufbau von Humankapital ist zu einem zentralen Thema geworden,
Karriereplanung beginnt bereits im Kindergarten,
das Individuum verwirklicht sich in seiner höchsten Form als Ich-AG
Konsum wird grenzenlos,
die Durchökonomisierung aller Lebensbereiche schreitet fort

Jeder Student der Betriebswirtschaft hat einmal gelernt: Fallen die Preise (aufgrund des Wettbewerbs) bei ständig steigender Produktion, erreichen sie irgendwann einmal den Punkt, ab dem sie keine Gewinne mehr einbringen und die Grenzkosten für jede zusätzlich produzierte Einheit gegen Null tendieren. In Ansätzen beispielsweise bereits zu besichtigen an der Entwicklung von Print- zu Online-Publikationen. Krisen sind zum fast schon gewohnten Begleiter geworden: die Welt als globale Maschine zur Verwertung von Kapital vor dem Hintergrund entfesselter Geld- und Schuldenproduktion.

Man kommt kaum noch hinterher, wie ein immer schneller aufschaukelnder Wandel Wirklichkeit wird: während man sich noch wundert, steht bereits die nächste technische Neuerung (oder gar Revolution) ins Haus. Kaum jemand blickt noch durch, wie alle diese neuen Apparate die Welt verändern und was sie mit ihren Benutzern machen: mit jenen, „die unaufhörlich analysiert und optimiert werden, und auch mit jenen, die glauben, sich den Veränderungen durch Nichtbenutzung entziehen zu können." Auf dem Weg zur globalen Digitalkommune könnte es aber durchaus sein, dass Menschen sich hierbei ihre Daten nicht mehr auf Dauer wegnehmen und für kommerzielle Zwecke benutzen lassen. Die Welt wird sich auch kaum dadurch retten (verbessern) lassen, indem eine Informatikerkolonie laufend neue Apps gegen Alltagsprobleme programmiert.

Es scheint ein Punkt erreicht, an dem verschiedenste Thesen aufeinanderprallen: beispielsweise erdachte Szenarien von übermorgen, die man erst nach Jahrzehnten wiederlegen könnte, d.h. erst dann, wenn es zu spät ist, an den Entwicklungen noch etwas zu ändern. Vor solchem Hintergrund wären manche Nostalgie und Rückbesinnung eher von Vorteil.

## Ökonomie des Teilens

Sharing Economy macht das Leben günstiger - macht das Leben effizienter und bequemer - ist besser für die Umwelt - macht mehr Spaß als bei traditionellen Unternehmen zu konsumieren. Zur Sharing Economy gehören Unternehmen, die über Internetplattformen Eigentümer von Gütern oder Anbieter von Dienstleistungen mit Menschen zusammenbringen, die diese Güter oder Dienstleistungen für einen gewissen Zeitraum nutzen und nachfragen wollen. Die Ökonomie des Teilens hat über Transport und Wohnraum hinaus reichend längst eine bemerkenswerte Breite entwickelt und umfasst insbesondere die Bereiche Unterhaltung, Medien, Transport, Übernachtung oder Handel.

Damit gehört die Sharing Economy ebenso wie die Cloud ( dezentrale Speicherung von Daten in weit entfernten Rechenzentren) oder Big Data (massenhafte digitale Datenanalyse) zu den großen Trends der digitalen Wirtschaft. Nach einer von der Unternehmensberatung PWC durchgeführten Untersuchung findet diese Ökonomie des Teilens (zumindest in den USA) besonders viele Anhänger in der Altersgruppe von 18 bis 24 Jahre). Gemäß der Studie waren unter den Nutzern Transportangebote (Carsharing, Mitfahrdienste) besonders beliebt.

Besitz und Eigentum (Autos, Fahrräder, Wohnungen, Abendkleider, Werkzeuge u.a.) werden von den Anhängern des

Teilens als eher belastend oder lästig empfunden. Die Ökonomie des Teilens verspricht, solche Belastungen zu lindern: sei es die Belastung durch Kosten, Wartung oder durch die schiere Menge an Möglichkeiten oder deren Mangel. Nach Ergebnissen der PWC-Studie stehen bei erwachsenen Amerikanern (die das Konzept kennen) folgende Aussagen an oberster Stelle:
Sharing Economy:
macht das Leben günstiger,
macht das Leben effizienter und bequemer,
ist besser für die Umwelt,
macht mehr Spaß als bei traditionellen Unternehmen zu konsumieren.

## Wissensmanagement – digitales Publizieren

Thematisiert wird u.a. die Frage: Fachartikel in einer herkömmlichen Fachzeitschrift oder in einem Open-Access-Internetjournal publizieren (Vgl. FAZ 04/13 „Freibier für alle! Aber wer schenkt aus?" Was macht eine Fachpublikation aus? Es ist das richtige Zusammenführen einzelner Wissens-Komponenten. Es kommt auf das Veredeln an, d.h. auf das gezielte Auswählen relevanter Daten. Auf das Identifizieren, Bewerten, Aufbereiten und Anreichern. Erst aus diesem Zusammenspiel entsteht ein Ergebnis mit werthaltiger Information.

*Gibt es eine Norm für eine optimale Text-Verweildauer?* Es besteht die Gefahr, dass das Internet an seiner eigenen Informationsfülle erstickt. Mit öffentlich-rechtlichen Geldern produzierte Beiträge werden ins Netz gestellt, um bereits wenig später danach mit immensem, wiederum öffentlich-rechtlich finanziertem Aufwand wieder gelöscht zu werden (Vgl. FAZ: Die Leere hinter dem Link). Besser sind also Themen mit Langfrist-Charakter, die auch noch nach ein oder mehr Jahren nicht in der Versenkung verschwinden müssen. Themen, bei denen es weniger auf brandheiße, quasi im Sekundentakt zu verbreitende "Neuigkeiten" oder Schlagzeilen ankommt, sondern eher das über Zeiträume hinweg geduldige Beobachten samt qualifizierter Aufbereitung der gesammelten Informationen im Vordergrund steht.

Auch langjährig bestehende Online-Texte können vor diesem Hintergrund noch ihre Berechtigung beanspruchen. Wie ein guter Wein entfalten sie ihre volle Reife erst mit der Zeit und werden trotz ihrer anfänglichen Unscheinbarkeit dann doch noch wahrgenommen. Denn wenn das Internet, wie oft plakatiert wird, nichts vergessen kann, so wäre eine der ersten Voraussetzungen hierfür, dass es auch am Rande der Hetzjagd nach "Frisch-Infos" liegende Dinge, überhaupt erst einmal auf- und wahrnehmen kann.

## Eigenverleger als Lektor – Basis- und Komplettlektorat –Verlagsmarketing – Gewinn an Flexibilität, Zeit und Marge – Stilmittel für die Selbstvermarkung

„Geistige Arbeit beruht, gerade, wenn sie originell ist, auf Anregung durch andere und artikuliertem Widerspruch". Der professionelle Lektor ist ein Außenstehender, der den geistigen Zusammenhang, aus dem die lektorierte Arbeit entstanden ist, nicht kennt. Das hat zum einen den Vorteil des neutralen Blickes, der mögliche Schwächen unvoreingenommen und vielleicht besser zu erkennen vermag. Könnte aber zum anderen auch den Nachteil haben, dass das geistig Originelle des jeweiligen Textes nicht angemessen begriffen wird. Immer aber geht es auch um die Frage, wie groß der geistige Eigenanteil eines Lektors (über die die bloß formale Korrektur hinausgehend) jeweils sein könnte. Um die verschiedenen Tätigkeiten eines Lektors genauer unterscheiden zu können, unterscheidet man u.a. zwischen Basis- und Komplettlektorat.

Basislektorat:
Überprüfung von Rechtschreibung, Zeichensetzung und Grammatik
Vereinheitlichung von Schreib- und Zitierweisen
Typographie
Tilgung sprachlicher Ungenauigkeiten
stilistische Optimierung

Komplettlektorat:
verbessert darüber hinaus (falls erforderlich) den Aufbau und die Argumentationsstruktur

Beim Lektorat muss also nach formalen und inhaltlichen Aspekten differenziert werden. Die Grenzen dürften hierbei allerdings fließend sein. Änderungen im Aufbau und in der Argumentation (Komplettlektorat) können dem fertigen Text nicht nur eine besondere Note, sondern eine völlig andere Richtung verleihen. Ihr ginge es praktisch um eine eigenständige Leistung, d.h. irgendwann könnte oder sollte der Lektor ein Fachbuch dann gleich besser selber schreiben.

Seit es die Möglichkeiten der Selbstpublikation gibt, hat die Betreuung von Autoren durch Lektoren vollends an Bedeutung eingebüßt. Einstige Tätigkeiten des Lektorats wie Fahnenkorrektur, Registererstellung u.a. werden auch von traditionellen Verlagen bereits ohnehin seit langem auf Autoren ausgelagert. Die Tätigkeit des Lektors betrifft immer seltener die sprachliche Bearbeitung von Texten, immer häufiger dafür Marketing und Öffentlichkeitsarbeit. Wenn ein großer Teil des Kerngeschäfts auf Autoren (und freiberufliche Lektoren) verlagert wird und fest angestellte Lektoren mehr oder weniger nur noch Verlagsmarketing betreiben (dürfen), geht dies mehr in die Richtung von Eigenverlegern, die als Autoren dann eben das Komplettlektorat gleich vollständig selbst ausfüllen (müssen).

Vorteile des Eigenverlegers als Lektor: wenn er bei traditionellen Fachverlagen ohnehin schon zur Übernahme von ursprünglichen Kernfunktionen eines Lektors gezwungen ist, kann er sich nunmehr als selbständiger Unternehmer auch den noch verbleibenden Restarbeiten annehmen und dafür eine deutlich verbesserte Marge auf seinem Konto verbuchen. Mit dem Vordringen von online-Buchshops und starken Vertriebskanälen auch außerhalb des stationären Buchhandels verliert auch das ursprünglich monopolartige Verlagsmarketing weiter an Bedeutung. Und dies insbesondere im Fach- und Sachbuchbereich, der von Marketing- und Vertriebsaktivitäten ohnehin eher weniger profitieren kann. Gleichzeitig gewinnt der Eigenverleger gerade hier ein großes Maß an Freiheit: denn ein Großteil der ehemals stark einengenden und zeitverzögernden Formalien diente nicht dem Profil des Autors sondern lediglich dem Profil des Verlages. Außerhalb der Zwänge von starren und meist nur langfristig angelegten Verlagsprogrammen kann sich ein Eigenverleger nunmehr auch die Eigenheiten stilistischer Besonderheiten bewahren und diese im Idealfall gezielt als Instrument der Selbstvermarktung nutzen.

## Eine Wissensbilanz bündelt die strategischen Kernkompetenzen

Der dynamische Wandel von wechselnden Umfeldbedingungen zwingt zum strengen Überdenken der Ziele, der Geschäftserwartungen und der Handlungsspielräume. In diesem Kontext kann eine konsequent gehandhabte Wissensbilanz zu einem hohen strategischen Gut reifen. Strategische Kernkompetenzen bilden die Wurzel für den Geschäftserfolg. Für den praktischen Alltag kommt es darauf an, die vorhandenen Kernkompetenzen nicht nur zu beschreiben und zu analysieren, sondern aus diesen Ergebnissen auch Konsequenzen für das konkrete Geschäft zu ziehen.

Der Anteil des Wissens an der Gesamtwertschöpfung von Unternehmen wird mittlerweile auf über sechzig Prozent geschätzt. In der Kreativwirtschaft dürfte dieser Wert noch (weit) darüber liegen. Eigenverleger unterliegen dadurch einem dynamischen Wandel und Anpassungsdruck: insbesondere der Umgang mit Wissen als Ressource wird für die Zukunft immer mehr zum entscheidenden Erfolgsfaktor, d.h. die Wettbewerbsfähigkeit wird vom bewussten und gezielten Umgang mit diesem immateriellen Rohstoff abhängen. Die vorhandenen Ressourcen müssen somit auf den Erhalt und Ausbau von Innovation und Wissen optimiert werden. Wissen manifestiert sich sowohl intern im „Eigenverlegergedächtnis", als auch in Beziehungen mit externen Akteuren.

Gegenüber dem Management klassischer Produktionsfaktoren hat das Management des Wissens seine Zukunft noch vor sich: es wird zunehmend wichtiger, auch über die Einflussfaktoren des Intellektuellen Kapitals genau Bescheid zu wissen. Durch mehr Transparenz und nachvollziehbare Bewertung/ Messung knapper Wissensressourcen können diese im Wettbewerb zielgerichteter genutzt werden. Denn es wird immer mehr darauf ankommen, dass man vor allem wissensgestützte Produkte und Dienstleistungen nutzt: der Marktwert heutiger Produkte und Dienstleistungen basiert zu einem immer größeren Teil auf deren Informationsgehalt. Dabei werden verschiedene Entwicklungsstufen durchlaufen: von der Daten- über die Informations- bis hin zur Wissensstufe. Den Wert einer Firma ermittelt man immer mehr dadurch, indem man auf das Verhältnis von Daten, Informationen und Wissen schaut.

Wer sich „informationalisieren" kann, wird letztlich besser dastehen als jene, die dies nicht können. Alle die darüber hinaus vorhandene Wissensbestände zu nutzen wissen, können noch erfolgreicher sein. Zwischen Informationsproduzenten und Informationskonsumenten werden neue Interaktionsformen realisiert. Es geht um die Lösung der Fragen: wie können Eigenverleger mit der Dynamik des sie umgebenden Umfeldes mithalten ? aus welchen individuellen und kollektiven Wissensbeständen setzt sich die Wissensbasis zusammen, auf die ein Eigenverleger bei seiner Arbeit zugreifen kann ? besitzt er die notwendigen Fähigkeiten, um das vorhandene Informationsangebot produktiv nutzen zu können?

Wissensmanagement ist für alle ein Muss, die ihre Markt- und Wettbewerbsposition in der heutigen Wissensgesellschaft behaupten und ausbauen wollen: in der informationsbasierten Arbeitswelt finden gewaltige Umstrukturierungen statt, d.h.: wenn der Wettbewerb immer weniger über Faktoren wie Kosten oder Finanzmittel gewonnen werden kann, muss nach anderen, tiefer liegenden, bisher noch ungenutzten Faktoren gesucht werden. Während das Management klassischer Produktionsfaktoren schon sehr weit ausgeschöpft ist, wird das Management der Wissens-Rohstoffe seine Zukunft noch vor sich haben. Achtung Zeitfaktor!: Wenn bei der Nutzung von Wissen gegenüber der Konkurrenz zu viel an Zeit verloren geht, kann es vielleicht schon zu spät sein (brachliegende Wissensressourcen werden nicht in entsprechende Vorteile umgesetzt). Im täglichen Geschäft ist Schnelligkeit meist gleichbedeutend mit Erfolg, d.h. man muss sein Geschäftsmodell schneller als Konkurrenten durch die Wertekette hindurch bewegen.

## Schöpferische Vielfalt mit Innovationsdynamik - Grundlage für eine Standortanalyse der Kultur- und Kreativwirtschaft allgemein ist zunächst einmal eine möglichst genaue Abgrenzung des Untersuchungsgegenstandes

Es wäre verfehlt, die Kultur- und Kreativwirtschaft mit den Augen eines Standortes lediglich als Imagefaktor zu sehen. Zwar ist sie auch das, aber darüber hinaus noch viel mehr: nämlich eine eigenständiges Wirtschaftsfeld mit einem außerordentlich hohen Innovationspotential. Neue Kommunikationstechnologien und Impulse für neue Technologievarianten finden hier ihre bevorzugten Nutzer, Anwender und Entwickler. Dabei erweist sich die Kultur- und Kreativwirtschaft als ein äußerst vielschichtiger Branchen-komplex mit einer fast verwirrenden Anzahl unterschiedlicher Facetten. Diesen allen gemeinsam ist eine Produktion, die im Wesentlichen aus Prototypen, Einzelfertigung und Kleinserien sowie nicht zuletzt immateriellen Produkten besteht. Geprägt wird dies alles von grundlegend verschiedenen Unternehmens-typen, die allesamt ihre eigenen Besonderheiten aufweisen.

Der schöpferische Akt ist das Bindeglied der verschiedensten kultur- und kreativwirtschaftlichen Aktivitäten. Die herge-stellten Produkte und Dienstleistungen können literarische, musische wie auch architektonische Inhalte haben. Diese sind somit kulturell wie künstlerisch, d.h. immer sehr kreativ. Die gesamte Wertschöpfung liegt in Deutschland nach Angaben des

Wirtschaftsministeriums bei über 60 Milliarden Euro, was einem Anteil von 2-3 % am gesamten Bruttoinlandsprodukt beträgt. Damit läge die Kultur- und Kreativwirtschaft nach ihrem volkswirtschaftlichem „Euro-Gewicht" nicht weit hinter der Automobilindustrie und noch vor der Chemieindustrie. Von ihrem Image- und Unterhaltungswert her dürfte dieser Bereich ohne Konkurrenz sein. Gleiches gilt unter dem Aspekt des Erwerbs und Transfers von Wissen.

Die Kultur- und Kreativwirtschaft ist ein Hort der Beschäftigungschancen für Dienstleister, Selbständige und Freiberufler. In kaum einer anderen Branche werden speziell für Frauen derartige Möglichkeiten geboten. Da die Nachfrage trotz Krise nach künstlerischen und kreativen Inhalten steigt, haben wir es mit einer nachhaltigen echten Wachstumsbranche zu tun, deren häufig projektabhängige vernetzte Arbeitsformen auch für andere Wirtschaftsbereiche geradezu Modellcharakter haben können. Zu den Kernbranchen der Kultur- und Kreativwirtschaft zählen Musikwirtschaft, Buchmarkt, Kunstmarkt, Filmwirtschaft, Rundfunkwirtschaft, Markt für darstellende Künste, Designwirtschaft, Architekturmarkt, Pressemarkt, Werbemarkt, Software/ Spieleindustrie. Selbst dieses sind wiederum ihrerseits nur Obergriffe für zahlreiche weitere Teil- und Untermärkte.

*Zur Musikwirtschaft zählen*: selbständige Musiker/innen, Komponist/innen, Musik- und Tanzensembles, Verlage von bespielten Tonträgern + Musikverlage, Theater-/ Konzertveranstalter, Betrieb von Theatern, Opern, Schauspielhäusern u.a., sonstige Hilfsdienste des Kultur- und Unterhaltungswesens, Einzelhandel mit Musikinstrumenten und Musikalien. *Zum Buchmarkt zählen*: selbständige Schriftsteller/innen, Eigenverleger, klassische Buchverlage, Einzelhandel mit Büchern. *Zum Kunstmarkt zählen*: selbständige bildende Künstler/innen, Kunsthandel (Schätzung), Museen, Kunstausstellungen. *Zur Filmwirtschaft zählen*: selbständige Bühnenkünstler/innen, Film-/TV- und Videofilmherstellung, Filmverleih- und Videoprogrammanbieter, Kinos. *Zur Rundfunkwirtschaft zählen*: Rundfunkanstalten, Hersteller von Hörfunkprogrammen, Hersteller von Fernsehprogrammen. *Zum Markt der darstellenden Künste zählen*: selbständige Bühnenkünstler/innen, selbständige Artisten/innen, Theaterensembles, Theater-/Konzertveranstalter, Betrieb von Theatern, Opern, Schauspielhäusern u.a., Varietés und Kleinkunstbühnen, Tanzschulen, weitere Kultur-/Unterhaltungseinrichtungen (Zirkus, Akrobaten, Puppentheater). *Zur Designwirtschaft zählen*: Industriedesign, Produktdesign, Modedesign, Grafikdesign, Kommunikationsdesign, Werbegestaltung. *Zum Architekturmarkt zählen*: Architekturbüros für Hochbau und Innenarchitektur, Architekturbüros für Orts-, Regional- und Landesplanung, Architekturbüros für Garten- und Landschaftsgestaltung. *Zum Pressemarkt zählen*: selbständige Journalisten, Korrespondenz- und Nachrichtenbüros, Verlegen von

Adressbüchern, Zeitungsverlag, Zeitschriftenverlag, Sonstiges Verlagswesen. *Zum Werbemarkt zählen*: Werbung/ Werbegestaltung, Werbung/ Werbevermittlung. *Zur Software- und Gamesindustrie gehören*: Verlegen von Software, Softwareentwicklung, Softwareberatung. Zu den Sonstigen zählen: selbständiger Restaurator/innen, Bibliotheken/Archive, Betrieb von Denkmalstätten, botanische und zoologische Gärten, Naturparks, Schaustellergewerbe und Vergnügungsparks.

In dieser schöpferischen Vielfalt von Teilmärkten verdienen in Deutschland nahezu eine Million Menschen (sowohl selbständig als auch abhängig beschäftigt) ihr Brot. Volkswirtschaftlich betrachtet nimmt die Kultur- und Kreativwirtschaft damit im direkten Zahlenvergleich der sozialversicherungspflichtigen Arbeitsplätze immerhin einen –manchmal allerdings weithin unbeachteten- Mittelplatz ein und liegt damit noch vor solchen gemeinhin als höher eingestuften Branchen wie Chemieindustrie oder Energieversorgung. Jeder Standort, der auf eine lebendige Künstler-, Kultur- und Kreativszene verweisen kann, kann sich eigentlich nur glücklich schätzen. Werke und Leistungen der Schriftsteller, Komponisten, Musiker, Bühnenkünstler, Journalisten, Filmemacher und so fort lassen sich als Vielfaltsproduktion umschreiben ohne die keine Filmfirma, kein Musikkonzern, kein Verlag oder Galerist etwa s zu verwerten und zu verbreiten hätte. Alle diese Berufsgruppen haben es gelernt, sich in einem komplizierten Wirtschaftsumfeld mit neuen Technologien zurecht zu finden.

Auch diejenigen, die einen zu geringen Frauenanteil am Wirtschaftsleben beklagen, können an der Kultur- und Kreativwirtschaft ihre helle Freude haben. Denn Frauen sind dort in fast allen Teilmärkten stärker als Männer vertreten. Während auf die Gesamtwirtschaft bezogen weniger als 10 % der Frauen als Selbständige registriert werden können, liegt dieser Anteil im Bereich der Kultur- und Kreativwirtschaft über 40 %.

Insgesamt erwirtschaften in der Kultur- und Kreativwirtschaft über 230.000 Unternehmen und Selbständige ein Umsatzvolumen von über 130 Milliarden Euro. Großunternehmen findet man sowohl in der Rundfunkwirtschaft als auch im Buch- und Pressemarkt. Die wichtigsten Märkte für Kleinstunternehmen sind nach Feststellung des Bundeswirtschaftsministeriums der Kunstmarkt, der Markt der darstellenden Künste, die Designwirtschaft und der Architekturmarkt. Einige Kennzahlen zur Gesamtbranche der Kultur- und Kreativwirtschaft (Quelle: Bundesministerium für Wirtschaft und Technologie):

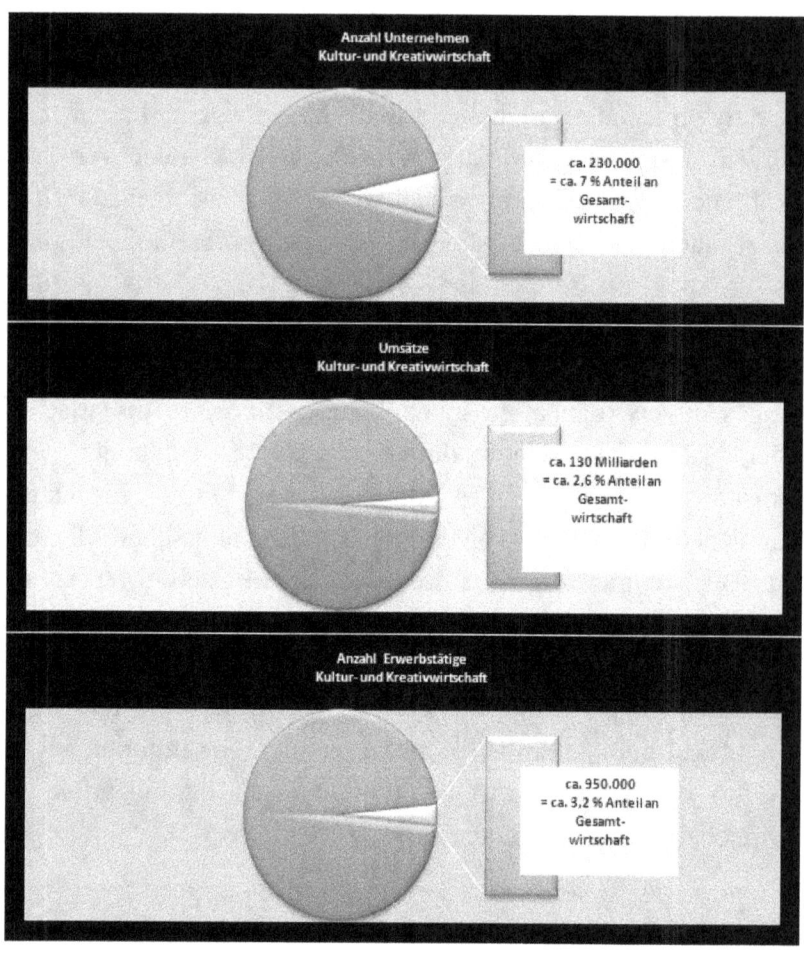

Die Ökonomisierung unserer Kultur hat zur Folge: wenn Experiment und Risiko nicht in Produkte verwandelt werden können, die von Kunden wahrgenommen und nachgefragt werden, finden sie nicht mehr statt. Kultur wird in der heutigen Zeit mehr und mehr von Massenmedien gemacht, die als

Multiplikatoren und Resonanzkörper wirken. Zwischen dem Preis eines Werkes und dem Bekanntheitsgrad oder Image eines Künstlers besteht ein enger Zusammenhang.

## Im Management-Cockpit eines Eigenverlags werden Bezugsgrößen benötigt, die anzeigen, ob etwas als eher besser oder eher schlechter anzusehen ist

Kann aus einer normalen Bilanz abgelesen werden, wie sich die überlebenswichtige Wissensbasis innerhalb der letzten Jahre entwickelt hat? Oder wie sich die zentralen Kompetenzfelder auf den Geschäftserfolg ausgewirkt haben? Es ist ein Missverhältnis, wenn beispielsweise hohe Summen in Aus- und Weiterbildungen investiert werden, aber nur wenige Cent in die die Bewertung des damit erlangten Wissens. Was nützt Wissen, wenn es nicht angemessen wahrgenommen wird? Im Gegensatz zu ausgefeilten finanziellen Analysesystemen liegt die Messung des Intellektuellen Kapitals häufig noch im Dunkel. Anders als im Finanzmanagement kann bei der Wissensbilanzierung nicht ohne weiteres auf einem allgemein akzeptierten Instrumentarium von Indikatoren aufgebaut werden. Nicht zuletzt deshalb müssen auch möglicherweise noch andere Wege beschritten und erprobt werden. Ohne geeignete Indikatoren würde ein Eigenverlag ohne Kompass oder Feedback-Anzeigen in ein Marktumfeld voller Dynamik und Risiken ziehen.

Um wichtiges Wissen über Märkte, Mitbewerber, Innovationen und Veränderungen im Umfeld des Eigenverlags zu erhalten müssen die in einer Datenbasis abgelegten Informationen in Zusammenhänge, d.h. Relationen gebracht werden. Dabei bilden Business Intelligence-Konzepte eine in betriebswirtschaftliche

Managementkonzepte eingebettete Einheit. Das Business Intelligence-Spektrum reicht von der Analyse einfacher EXCEL-Tabellen bis hin zu komplexen Data Mining-Analysen. Die mit Business Intelligence-Instrumenten gewonnenen Erkenntnisse erweitern ihrerseits den Datenbestand im Data Warehouse. Sie erzeugen das Wissen, das alle Unternehmen brauchen, um sich in immer komplexeren Märkten zu behaupten.

Planungswerkzeuge müssen auch mit starken analytischen Applikationen ausgerüstet sein. Diese müssen in erster Linie in gesamtstrategischer und weniger in rein technischer Hinsicht entwickelt werden. Hierunter verstanden werden vorgefertigte Anwendungen, die bereits entsprechendes Business-Knowhow enthalten und mit ausgefeilten analytischen Komponenten auch konkrete Geschäftsproblemstellungen praxisnah nachvollziehbar adressieren können. Mit einer derartigen Analysepower gewinnen auch Eigenverlage manchmal Einblick in bis dahin vielleicht unentdeckte oder unbeachtete Zusammenhänge, die ihnen u.a. bei Umstrukturierungen, der Entwicklung neuer Geschäftsmodelle und -strategien, u.a. mit vorgefertigten Lösungsmethoden und Implementierungsmodellen dienen können. D.h. ein Business-Intelligence-Modell muss die einzelnen Schritte einer Wertschöpfungskette abbilden. Die höchste Stufe wird mit Analytical Intelligence (analytische Intelligenz). Insgesamt gesehen geht es also um die zukunftsorientierte Optimierung komplexer Prozesse innerhalb eines in sich geschlossenen Feedback-Kreislaufs.

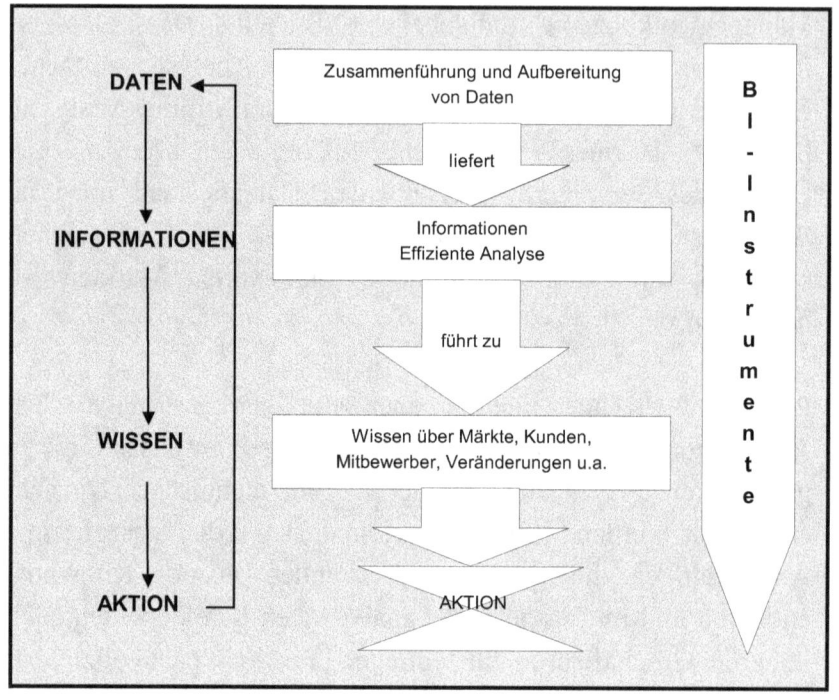

Zudem erfordert die tägliche Betriebspraxis immer mehr vernetzte Informationen, was Business Intelligence noch schwieriger zu handhaben macht. Im Sinne einer umfassenden Business Intelligence-Plattform mit zentralem Leitbild müssen die Daten für die Durchführung der Analyseprozesse daher zunächst meist aus operativen Systemen extrahiert, transformiert oder heruntergeladen werden. Der Business Intelligence Denkprozesse sollte daher weg vom reinen Reporting hin zu einem gesamtstrategischen Verständnis führen. Denn nur dann erhalten Autoren auch die Informationen, die sie brauchen, um ihren Eigenverlag in eine erfolgreiche Zukunft steuern zu können.

## Self Publishing Management bedeutet: strategische Entscheidungen auf Basis aktueller und maßgeschneideter Informationen treffen zu können, Marktwissen und Fachkenntnis müssen auch in einem schnelllebigen Marktumfeld mit genauen Analysen unterstützt werden können

Professionelle Datenanalyse und individualisierte Informationsgenerierung spielen eine immer bedeutsamere Rolle: die zielgruppengerechte Distribution und flexible Generierungsmöglichkeit für entscheidungsrelevante Ergebnisinformationen sind ein immer wichtigerer Bestandteil erfolgreichen Managements. Die besten Analysen verlieren jedoch an Wert, wenn ihre Aussagen nicht verbreitet und umgesetzt werden können. Dazu müssen: a) Daten aus verschiedenen Quellen zusammengeführt und angepasst werden, b) mit diesen Daten situationsspezifische Berichte generiert werden, c) vertiefte statistische Analysen (bis hin zu Data Mining-Verfahren) erstellt werden, d) die damit gewonnenen Informationen zeitnah und kosteneffizient verteilt werden sowie e) Reports, Analysen auch aktuell mit externen Zusatzinformationen angereichert werden.

*Eigenverleger und Dienstleister – niedrige Marktzutrittsbarriere – alternative Dienstleister – Nutzungsrechte und weltweite Veröffentlichung:* Self Publishing hat Autoren viele Freiheiten und neue Märkte beschert: es befreit von frustrierenden Anfragen (Betteln, Enttäuschungen) bei Verlagen und bringt höhere Margen. Wer sein Buch (oft kostenlos) bei einem der spezialisieren Dienstleister einstellt bekommt vielfach bis zu siebzig Prozent des Netto-Verkaufspreises, die weltweite Veröffentlichung in unbegrenzter Auflage dazu (ohne weitere Grundgebühren). Der Eigenverleger muss hierfür seine Nutzungsrechte auch nicht abtreten oder sich um die Abrechnung kümmern. Dem Eigenverleger wird also der Einstieg in einen aufstrebenden Markt erleichtert.

Mittlerweile bemühen sich zahlreiche Anbieter um die Eigenverleger. Doch jeder Anbieter hat seine eigenen Modalitäten, die sich zudem so kurzfristig ändern können, dass man kaum noch hinterher kommt. Klar scheint hierbei nur eines: den idealen Anbieter für alle Zwecke und Ziele von Self Publishing gibt es nicht. Gemäß Marktstudie ist Amazon der Marktführer im Segment Self Publishing (gefolgt von Kobo, Beam, Google, Apple, Neobooks, Xinxii, ePubli, BooxRix, Books on Demand, Smashwords, Libreka u.a.). Verschiedene Optionen reichen vom Probedruck bis zur Messepräsentation. Vom Eigenleger zu beachten bleiben u.a. neben unterschiedlichen versteckten Kosten die Exclusivität (darf der Eigenverleger sein Buch auch anderweitig vertreiben) und die Verfügbarkeit im Handel. Allein in Deutschland gibt es mehr als 300 Online-Plattformen und rund 6.000 Buchhandlungen. Der Markt ist mittlerweile auch bei den Distributoren umkämpft. Das E-Book sollte daher möglichst eine ISBN haben und im Verzeichnis lieferbarer Bücher gemeldet sein. Das größte Manko dürfte die fehlende Werbung sein, d.h. dem Eigenverleger mangelt es sowohl an Verlag als auch an

Buchhändler, die ein Buch wenigstens initial bekannt machen. Eigenverleger von Sach- und Fachbüchern dürften aber bereits aus ihrer Arbeit mit traditionellen Verlagen daran gewöhnt sein, dass diese keinen oder nur einen geringen Teil ihrer (ohnehin schmalen) Werbebudgets für diesen Bereich verwenden wollten. Unabhängig von Verlag oder Dienstleister sollte der Eigenleger daran arbeiten, dass Cover, Inhaltsangabe und Klappentext Interesse zu wecken vermögen.

**Bei disruptiven Marktverhältnissen gibt es für Eigenverleger nicht nur Risiken, sondern auch Chancen zu bedenken - der Übergang von der Industrie- zur Informationsgesellschaft hängt auch davon ab, ob auch die nichttechnischen Bedingungen erfolgreich beherrscht werden können**

Mit dem Wandel zur Informationsgesellschaft verbundene mögliche Problemfelder wie beispielsweise die Gefahren der Verwechslung virtueller Realität mit Realität oder die der Informationsüberflutung müssen ernst genommen werden. „Information ist, was man braucht zu handeln" (Peter F. Drucker), d.h. gerade jetzt, wo die Möglichkeiten der Informationsgewinnung beträchtlich gestiegen sind, müssen sich auch Eigenverleger verstärkt auf die produktive Nutzung des Rohstoffes „Information" als für ihren geschäftlichen Erfolg ausschlaggebendes Arbeitsmittel einstellen. Datenreich, aber informationsarm?: denn Information ist nicht immer unbedingt das, was von den Computern auf den Schreibtisch gelangt. Vielmehr gilt in diesem Sinn als Information immer nur das, was man braucht, um handeln zu können: die aus den Datenverarbeitungssystemen gewonnenen Informationen stellen oft nur wenige Prozent des geschäftsspezifischen Wissens dar. D.h. Speichern von Informationen, das durch die technischen Quantensprünge unglaubliche Dimensionen angenommen hat, sollte nicht mit ihrer Verarbeitung gleichgesetzt werden.

Durch die technischen Möglichkeiten begünstigt wird auch oft ein zu hoher Detaillierungsgrad verfolgt, der die personellen Informationskapazitäten überbeansprucht und damit Lernprozesse und Kreativität hemmt. Dies führt zwangsläufig zu der Erkenntnis, dass neben dem Datenschutz auch eine menschlich machbare Verwertbarkeit der Datenflut gewährleistet sein muss. Denn Datenmüll, ungenaue oder inkonsistente Daten werden auch immer nur falsche Informationen liefern. Diese wiederum würden mehr oder weniger zwangsläufig falsche Entscheidungen verursachen. Von einer Informationsverarbeitung in diesem Sinne wird deshalb besonders die Entwicklung von Filter- und Selektionsfunktionen zu erwarten sein, damit die Zunahme der Informationsschwemme nicht zu isolierter Kompliziertheit, sondern statt dessen zu entscheidungsrelevanten Informationen führt. Denn solche sind heute wichtiger denn je. D.h. es geht um nicht mehr oder weniger als die planvolle Erstellung und Verteilung der Ressource „Information" aus der Perspektive von Entscheidungen. Das heißt: weg von Papier und Informationsflut; statt dessen Informationen selektieren, Verdichtungskalküle einsetzen und nur auf den jeweils erforderlichen Aggregationsebenen anzeigen. Während in der Vergangenheit das Management eher passives Opfer als aktiver Träger bei der Einführung von Informationstechnologien war, hat sich hier im Wege der Entwicklung auch ein Wandel in der Rollenverteilung vollzogen: mit dezentralisierten Informationssystemen begann eine Reise, auf deren Weg jeder „Informationskunde" an seinem jeweiligen Aufenthaltsort flexibel auf die von ihm benötigten

Informationen zugreifen kann - und dies so selbstverständlich wie beim Griff zum Telefon.

Auch heute verfügen Verlage bereits über gewaltige Mengen an Detailinformationen über ihre Kunden. Es gilt jedoch, diese durch optimierte Zusammenführung und Verknüpfung mehr als bisher mit Hilfe entsprechender Technologien in Intelligenz zu verwandeln. Hier unterstützt das Data Mining mit gezieltem „Datenbergbau" die geschäftsfördernde Kundenorientierung. Hochleistungscomputer mit großen Speicherkapazitäten und Transaktionsgeschwindigkeiten können schnellstens und mit hoher Wahrscheinlichkeit die richtigen Ansprechpartner für ein Direct Mailing selektieren oder die Profitabilität von Kunden errechnen. Daten können über Jahre hinweg gesammelt, kategorisiert und in andere Zusammenhänge integriert werden. Die Gleichung „Mehr IT = Weniger Kosten" lässt sich durch Data Mining erweitern zu „Mehr IT = Mehr Business". Im Wege des dabei möglichen Umbaus vom „Giesskannen-Marketing" hin zum maßgeschneiderten „One-to-one-Marketing" können beispielsweise auch die Antwortraten auf Mailings erhöht, das Cross Selling ausgebaut und Kosten eingespart werden. E-Mail-Systeme bilden dabei die Infrastruktur für verteiltes Wissen. Bei abnehmender Kundenloyalität muss die Kundenbindung über das Angebot individueller Produkte ausgebaut werden. Am Beginn eines „Information Age" gilt für Relationship Marketing die Formel: „Company Business = IT Business". Data Mining kann demnach eingesetzt werden, um durch Informationen über den Kunden einen Mehrwert für den Kunden zu schaffen.

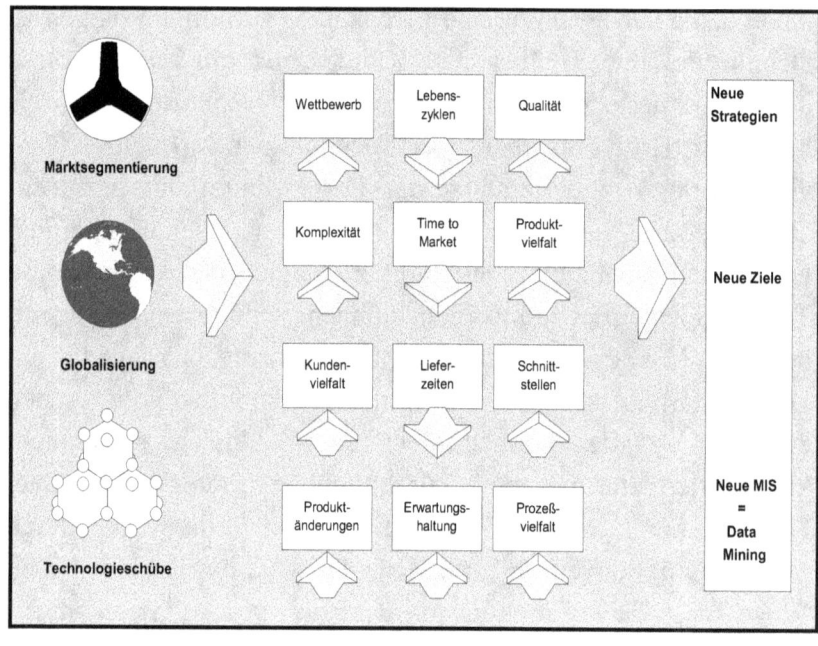

## Wissen ist Kapital - nichtfinanzielle Werttreiber sind wie ein Sockel unter der Wasseroberfläche, der oft den größeren Teil des Eisberges der Performance ausmacht

Eine Wissensbilanz zählt zu den umfassendsten Abbildungen des Geschehens in einem Unternehmen. Die ganzheitliche Betrachtungsweise ist hierfür charakteristisch und vereint sowohl quantitative, d.h. harte als auch qualitative, d.h. eigentlich eher „weiche" Faktoren in einem gemeinsamen Bild. Diese Struktur einer Wissensbilanz setzt sich standardmäßig aus Beziehungs-, Struktur-, Human-, Erfolgs- und eben als Quasi-Grundlage auch Prozessfaktoren zusammen.

*Finanzberichterweiterung - Kapital ist nicht gleich Kapital*: das materielle Kapital steht in der Bilanz. Darüber hinaus sind aber auch Wissen, Prozesse, Beziehungen etc. auch Kapital, das in der Regel aber nicht in der Bilanz steht. Bislang gibt es nur vereinzelte Ansätze wie die immateriellen Ressourcen eines Geschäfts zu bewerten sind. Die nichtfinanziellen Werttreiber sind wie ein Sockel (Vermögenswerte, die einen Beitrag zum Geschäftswert leisten und weder materielle Güter noch Finanzanlagen sind) unter der Wasseroberfläche, der oft den größeren Teil des Eisberges der Performance ausmacht. Grundsätzlich vorteilhaft ist die Erfassung des Intellektuellen Kapitals (Wissen, Kreativität u.a.) vor allem deshalb, weil übliche Bilanzen nur die finanzielle und materielle Vergangenheit widerspiegeln. Es ist auch immer das Ungewisse, d.h. die sogenannten „weichen" Faktoren, die Märkte vorantreiben. Die Beschäftigung mit dem Intellektuellen Kapital eröffnet Wege, sich die Sensibilität für Veränderungen zu bewahren. Eigenverleger, die sich einzig auf materielle Faktoren verlassen, werden träge und weniger sensibel gegenüber Marktveränderungen. Das Gefühl für den Markt sollte in einer Kombination aus Intuition und scharfem Gespür entwickelt werden (man muss den Markt erleben und einatmen). Wird Liste der wichtigsten Einflussfaktoren in ein 4-Felder-Portfolio übertragen, so ergibt sich daraus zunächst nur eine mehr oder weniger unübersichtliche und eher willkürlich erscheinende Darstellung:

| Firma: | Projekt-Unternehmen |
|---|---|
| Projekt: | Arbeitshilfen mit Wissensbilanz |

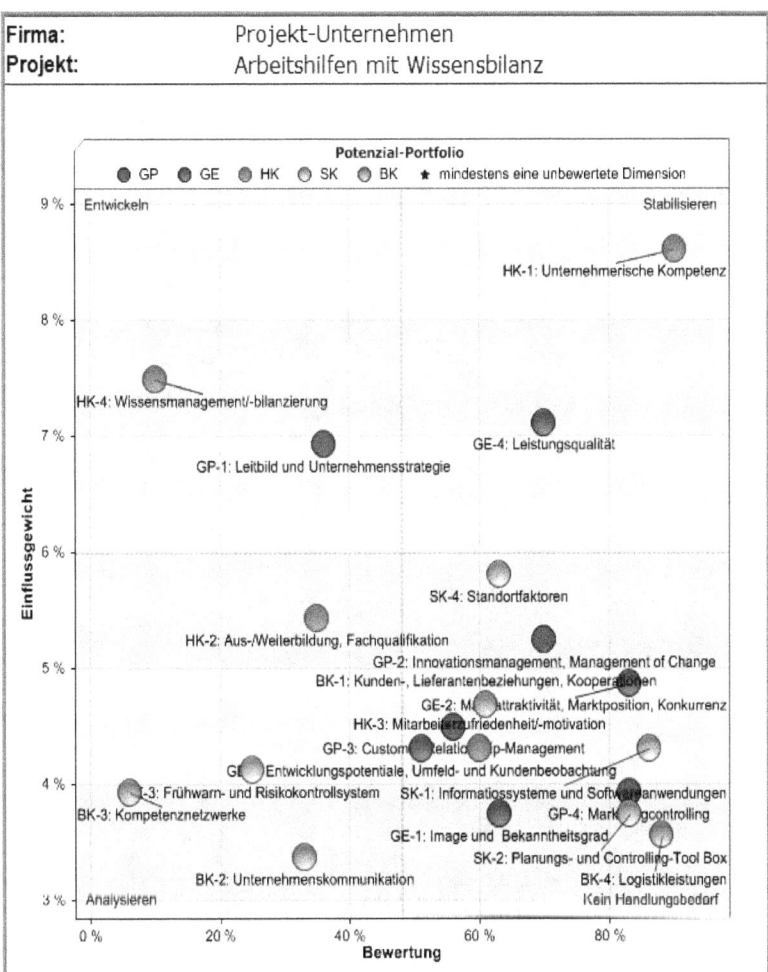

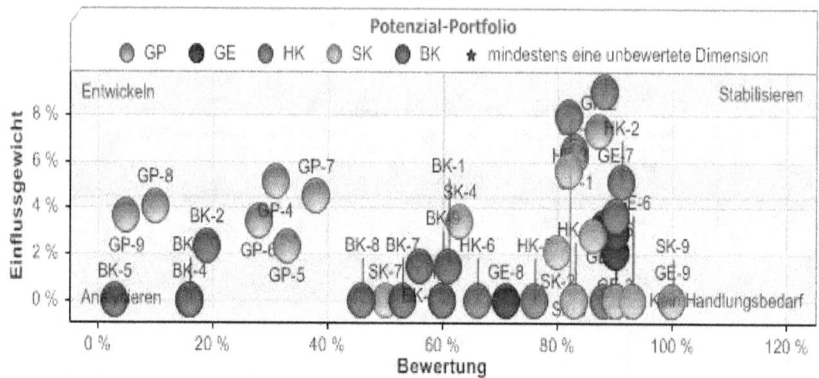

| | |
|---|---|
| GP-1: Marketing des verfügbaren Intellektuellen Ka... | HK-6: Projektmanagementkompetenzen |
| GP-2: Nutzung von Wissensbilanzkonzepten und -inst... | HK-7: Teamfähigkeit |
| GP-3: Eigene Wissenspotenziale gezielt erkunden, M... | HK-8: Regelmässige Fort- und Weiterbildung |
| GP-4: Präsentation, Kommunikation des Intellektuel... | HK-9: Allgemeinwissen |
| GP-5: Fremdbewertungen dokumentieren, analysieren | SK-1: Controlling-Tools |
| GP-6: Eigenbewertung, Selbsteinschätzung | SK-2: Arbeitshilfen-Tools |
| GP-7: Marktanalysen für Intellektuelles Kapital | SK-3: Wissenbilanz-Tools |
| GP-8: Wettbewerbsanalyse im Umfeld des Bewerbers | SK-4: Ideensammlung, Erfahrungssicherung |
| GP-9: Strategische Positionierung des Intellektuel... | SK-5: Home Ofice-, PC-Ausstattung, Fax u.a. |
| GE-1: Klar definierte Ziele | SK-6: Internet-Zugang |
| GE-2: Motivation - Leistungsbereitschaft | SK-7: Fachliteratur, -zeitschriften |
| GE-3: Flexibilität und Anpassungsfähigkeit | SK-8: Text-, Präsentationsprogramme |
| GE-4: Akzeptanz-Reputation | SK-9: Arbeitszimmer |
| GE-5: Unabhängigkeit, Unvoreingenommenheit | BK-1: Publikationen |
| GE-6: Klare Wertvorstellungen | BK-2: Zielgruppenkontakte |
| GE-7: Verlässlichkeit, Termintreue | BK-3: Kontakte zu Kompetenznetzwerken |
| GE-8: Innovationsfähigkeit und -bereitschaft | BK-4: Mitgliedschaft, Teilnahme in Business Clubs |
| GE-9: Loyalität | BK-5: Ehrenamtliche Engagements |
| HK-1: Ausbildung, Professional Development | BK-6: Teilnahme am politischen Leben |
| HK-2: Führungs-, Sozialkompetenz, Verhandlungssich... | BK-7: Vereinsmitgliedschaften |
| HK-3: Fachkompetenz/Expertenwissen | BK-8: Teilnahme an Messen und Kongressen |
| HK-4: Auslandserfahrung, Branchenwissen | BK-9: Mitarbeitergespräche, -konferenzen |
| HK-5: Fremdsprachenkenntnisse | |

## Leben mit der steigenden Informationsflut - Gefahren der Verwechslung virtueller Realität mit Realität müssen ernst genommen werden

Durch die technischen Möglichkeiten begünstigt wird auch oft ein zu hoher Detaillierungsgrad verfolgt, der die personellen Informationskapazitäten überbeansprucht und damit Lernprozesse und Kreativität hemmt. Dies führt zwangsläufig zu der Erkenntnis, dass neben dem Datenschutz auch eine menschlich machbare Verwertbarkeit der Datenflut gewährleistet sein muss. Der Übergang von der Industrie- zur Informationsgesellschaft hängt auch davon ab, ob auch die nichttechnischen Bedingungen erfolgreich beherrscht werden können. D.h. auch mit dem Wandel zur Informationsgesellschaft verbundene mögliche Problemfelder wie beispielsweise die Gefahren der Verwechslung virtueller Realität mit Realität oder die der Informationsüberflutung müssen ernst genommen werden. „Information ist, was man braucht zu handeln" (Peter F. Drucker), d.h. gerade jetzt, wo die Möglichkeiten der Informationsgewinnung beträchtlich gestiegen sind, müssen sich Eigenverleger verstärkt auf die produktive Nutzung des Rohstoffes „Information" als für ihren geschäftlichen Erfolg ausschlaggebendes Arbeitsmittel einstellen.

Das Speichern von Informationen, das durch die technischen Quantensprünge unglaubliche Dimensionen angenommen hat, sollte nicht mit ihrer Verarbeitung gleichgesetzt werden. Denn Datenmüll, ungenaue oder inkonsistente Daten werden auch immer nur falsche Informationen liefern. Diese wiederum würden mehr oder weniger zwangsläufig falsche Entscheidungen verursachen. Von einer Informationsverarbeitung in diesem Sinne wird deshalb besonders die Entwicklung von Filter- und Selektionsfunktionen zu erwarten sein, damit die Zunahme der Informationsschwemme nicht zu isolierter Kompliziertheit, sondern statt dessen zu entscheidungsrelevanten Informationen führt. Denn solche sind heute wichtiger denn je. Während in der Vergangenheit Eigenverleger eher passives Opfer als aktive Träger bei der Einführung von Informationstechnologien waren, hat sich hier im Wege der Entwicklung auch ein Wandel in der Rollenverteilung vollzogen: mit dezentralisierten Informationssystemen begann eine Reise, auf deren Weg jeder „Informationskunde" an seinem jeweiligen Aufenthaltsort flexibel auf die von ihm benötigten Informationen zugreifen kann - und dies so selbstverständlich wie beim Griff zum Telefon.

Zu den Erfolgsfaktoren eines Eigenverlegers zählt neben dem Faktor Information verstärkt auch der Faktor Kommunikation. Er muss sich Methoden, Instrumente und Wege aneignen, um aus Daten aus unterschiedlichen Quellen und Plattformen Informationen zu destillieren, d.h. Daten müssen in Wissen veredelt werden. Für den Eigenverleger mit seinen vielfältigen Kommunikations- und Informationsaustauschbeziehungen kommt es darauf an, dass diese zu Wissen veredelten Daten in die richtigen Kommunikationskanäle gelangen: Kommunikation in allen ihren Facetten wird damit zum wichtigen Alleinstellungs- und Differenzierungsmerkmal: im Kampf um Kunden müssen hierfür optimierte Konzepte und Verfahren entwickelt werden. Sicher ist, dass die Flutwellen dieser Entwicklung sowohl die Medien als auch insgesamt die Kommunikation des Eigenverlegers erreicht haben. Das ökonomische System wird für die „Messfühler" des Mediensystems insbesondere dann relevant und interessant, wenn es veröffentlichungswürdige und -fähige Ereignisse und Entwicklungen, d.h. wenn es selektionswürdige Themen zu bieten hat. Eigenverlage im Spannungsfeld zwischen Medien und Ökonomie:

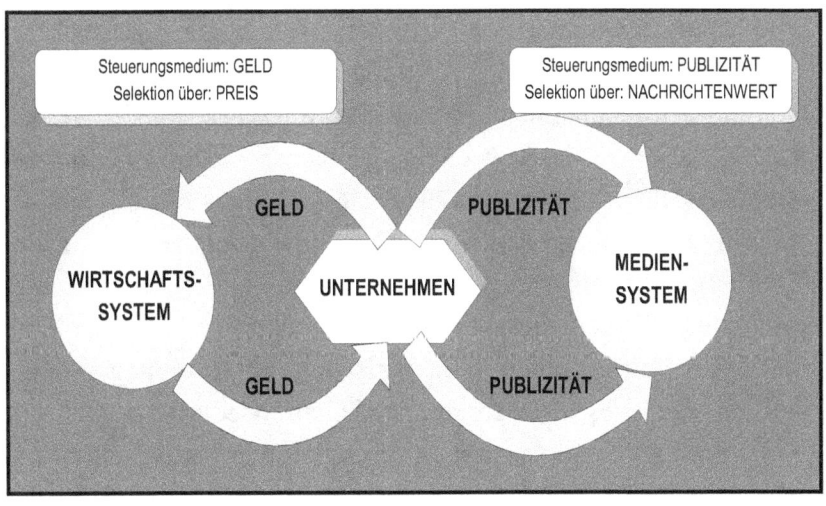

## Wissensvorsprünge in konkrete Nutzungsstrategien umsetzen - Wissensmanagement ist „der" Stellhebel für Zukunftsfähigkeit

Es müssen Kompetenzen aufgebaut und weiterentwickelt werden, d.h. folgende Fragen beantwortet werden: welches Wissen ist heute und welches morgen entscheidend für den Eigenverleger? worin liegen für Eigenverleger Sinn und Notwendigkeit von Wissenszielen? welches sind die besonderen Herausforderungen bei der Definition von Wissenszielen? ist bekannt, wo und wie stark die Hebelfähigkeiten des vorhandenen Wissens angesetzt werden können? werden die Visionen in strategische und operative Wissensziele übersetzt? wird überprüft, inwieweit Wissensziele erreicht wurden? ist transparent, welches Expertenwissen in welcher Form bereits wo und wie vorhanden ist? welche Wissensbestände werden häufig genutzt und welche seltener? welche externen Wissensquellen werden von dem Eigenverleger bisher genutzt? werden Leistungserstellungsprozesse auch als Prozesse der Wissensentwicklung gesteuert? wird kontinuierlich versucht, implizites Wissen auch explizit sichtbar und bewusst zu machen? gibt es einen systematischen Entscheidungsprozess darüber, welches Wissen auf welchem Medium gespeichert wird? umfasst die Wissensspeicherung Konzepte zum einfachen Wiederauffinden von Wissen? werden unreflektiert Teile des organisatorischen Gedächtnisses gelöscht? werden Publikationen (lessons learned) systematisch für zukünftige Wiederverwendungen gesichert? wird Erlebtes und Erfahrenes über den

Augenblick hinaus bewahrt? werden Techniken der Wissensmultiplikation eingesetzt? werden Wissens- und Kompetenznetzwerke aufgebaut und genutzt?

*Interaktion zwischen Informationsproduzenten und Informationskonsumenten:* den Wert einer Firma ermittelt man immer mehr dadurch, indem man auf das Verhältnis von Daten, Informationen und Wissen schaut. Die, die sich „informationalisieren" können, werden besser dastehen als solche, die dies nicht können. Wenn sie darüber hinaus vorhandene Wissensbestände zu nutzen wissen, werden sie sogar noch stärker und wertvoller sein als die, die nur auf Informationen basieren. Zwischen Informationsproduzenten und Informationskonsumenten werden neue Interaktionsformen realisiert. Wie kann der Eigenverleger mit der Dynamik des ihn umgebenden Umfeldes mithalten? Aus welchen individuellen und kollektiven Wissensbeständen setzt sich die Wissensbasis zusammen, auf die der Eigenverleger zur Lösung seiner Aufgaben zugreifen kann? Besitzt er die notwendigen Fähigkeiten, um das vorhandene Informationsangebot produktiv nutzen zu können? Wissensmanagement ist für sachorientierte Eigenverleger ein Muss, wenn diese in der Wissensgesellschaft ihre Markt-/ Wettbewerbsposition noch ausbauen wollen: in der informationsbasierten Arbeitswelt finden gewaltige Umstrukturierungen statt, d.h.: wenn der Wettbewerb immer weniger über Faktoren wie Kosten oder Finanzmittel gewonnen werden kann, muss nach anderen, tiefer liegenden, bisher noch ungenutzten Faktoren gesucht werden. Während die Handhabung klassischer Produktionsfaktoren schon sehr weit ausgeschöpft ist, wird die Nutzung von Wissens-Rohstoffen ihre Zukunft noch vor sich haben. Achtung Zeitfaktor!: Wenn bei der Nutzung von Wissen zu viel an Zeit verloren geht, kann es vielleicht schon zu spät sein (brachliegende Wissensressourcen werden nicht in entsprechende Markterfolge umgesetzt). Im Geschäft eines Eigenverlegers ist Schnelligkeit meist gleichbedeutend mit Erfolg, d.h. er muss sein Geschäftsmodell möglichst schnell durch die Wertekette hindurch bewegen.

*Wissensmanagement – Digitales Publizieren:* Thematisiert wird u.a. die Frage: Fachartikel in einer herkömmlichen Fachzeitschrift oder in einem Open-Access-Internetjournal publizieren (Vgl. FAZ 04/13 „Freibier für alle! Aber wer schenkt aus?" Was macht eine Fachpublikation aus? Es ist das richtige Zusammenführen einzelner Wissens-Komponenten. Es kommt auf das Veredeln an, d.h. auf das gezielte Auswählen relevanter Daten. Auf das Identifizieren, Bewerten, Aufbereiten und Anreichern. Erst aus diesem Zusammenspiel entsteht ein Ergebnis mit werthaltiger Information. Gibt es eine Norm für eine optimale Text-Verweildauer? Es besteht die Gefahr, dass das Internet an seiner eigenen Informationsfülle erstickt. Mit öffentlich-rechtlichen Geldern produzierte Beiträge werden ins Netz gestellt, um bereits wenig später danach mit immensem, wiederum öffentlich-rechtlich finanziertem Aufwand wieder gelöscht zu werden (Vgl FAZ: Die Leere hinter dem Link). Besser sind also Themen mit Langfrist-Charakter, die auch noch nach ein oder mehr Jahren nicht in der Versenkung verschwinden müssen. Themen, bei denen es weniger auf brandheiße, quasi im Sekundentakt zu verbreitende "Neuigkeiten" oder Schlagzeilen an-kommt, sondern eher das über Zeiträume hinweg geduldige Beobachten samt qualifizierter Aufbereitung der gesammelten Informationen im Vordergrund steht. Auch langjährig bestehende Online-Texte können vor diesem Hintergrund noch ihre Berechtigung beanspruchen. Wie ein guter Wein entfalten sie ihre volle Reife erst mit der Zeit und werden trotz ihrer anfänglichen Unscheinbarkeit dann doch noch wahrgenommen. Denn wenn das Internet, wie oft plakatiert wird, nichts vergessen kann, so wäre eine der ersten Voraussetzungen hierfür, dass es auch am Rande der Hetzjagd nach "Frisch-Infos" liegende Dinge, überhaupt erst einmal auf- und wahrnehmen kann.

## Ausschöpfung von Rationalisierungspotentialen und Möglichkeiten der Leistungsverbesserung - durchgehende Erhaltung der Funktionstüchtigkeit

Koordinationsaufgaben rücken das Self Publishing in die Nähe wirtschaftlicher Managementmetoden. Es kommt zu einer übergreifenden Koordination von Strukturelementen und Prozessen. Besonders deutlich sind Interdependenzen zwischen Logistik und Qualitätssicherung erkennbar. Ebenso steht die Kommunikation im engen Zusammenhang zu allen übrigen Subsystemen. Die Effizienz einer Kooperation ist umso höher, je besser sämtliche Strukturen und Prozesse koordiniert sind. Allerdings muss sich diese Anforderung gegen die oft sehr speziellen Gegebenheiten einzelner Funktionen, wie bestimmte einheitliche Strategien der Qualitätssicherung, durchsetzen. In der Kooperation mit Zulieferern und Dienstleistern (Druck, Vertrieb von Publikationen) muss in einzelnen Subsystemen eine genaue Abstimmung erfolgen. Die Grundlage eines steuernden und regelnden Controlling besteht in der Feststellung und Analyse von Abweichungen. Für das Kooperations-Controlling können solche Abweichungen auf der Ebene der Potentiale auftreten, indem sich diese verändern oder Gestaltungsziele nicht erreicht werden. Abweichungen auf der Ebene der einzelnen Kooperationsprozesse können beispielsweise in Qualitätsmängeln, Terminüberschreitungen oder Verzögerungen in der Informationsübermittlung liegen.

Die dazu korrespondierenden Controllingaufgaben bestehen in der Verbesserung bestehender Steuerungs- und Regelungssysteme durch Optimierung der Sollwerte, die vor allem durch Operationalisierung von Publikationszielen erfolgt, oder durch die Verbesserung der Kontrollelemente. Beispielsweise kann im Falle anstehender Änderungen am Endprodukt frühzeitig die Weiterentwicklung des Zulieferproduktes angestoßen werden. Die Beschleunigung der Rückkopplung durch die Gewährleistung eines entsprechend schnellen und sicheren Informationsflusses bezüglich Abweichungsinformation, Abweichungsanalyse, Regelungsgröße oder Steuerungsimpuls erhöht die Anpassungsfähigkeit des Geschäftsmodells. Erreicht werden kann dieser Informationsfuß durch die Etablierung eines speziellen marktbezogenen Berichtssystems. Die Wissensbilanz hilft dabei, in das zuvor geschilderte Faktoren-Tableau eine überschaubarere Ordnung zu bringen.

*Wertschöpfungsfaktor Wissen:* der Anteil des Wissens an der Gesamtwertschöpfung eines Eigenverlages kann auf über achtzig Prozent geschätzt werden. Eigenverlage unterliegen dadurch einem dynamischen Wandel und Anpassungsdruck: insbesondere der Umgang mit Wissen als Ressource wird für die Zukunft immer mehr zum entscheidenden Erfolgsfaktor, d.h. die Marktfähigkeit wird vom bewussten und gezielten Umgang mit diesem immateriellen Rohstoff abhängen. Die vorhandenen Ressourcen müssen somit auf den Erhalt und Ausbau von Innovation und Wissen optimiert werden. Wissen manifestiert sich sowohl in internen Verfahren, dem „Verlagsgedächtnis", als auch im Verbund mit externen Akteuren. Gegenüber dem Management klassischer Produktionsfaktoren hat das Management des Wissens seine Zukunft noch vor sich: es wird zunehmend wichtiger, auch über die Einflussfaktoren des Intellektuellen Kapitals in der Verlagsarbeit genau Bescheid zu wissen. Durch mehr Transparenz und nachvollziehbare Bewertung/Messung knapper Wissensressourcen können diese in einem dynamischen Marktumfeld zielgerichteter genutzt werden. Denn es wird immer mehr darauf ankommen, dass man vor allem wissensgestützte Produkte und Dienstleistungen nutzt: der Marktwert heutiger Produkte und Dienstleistungen basiert zu einem immer größeren Teil auf deren Informationsgehalt. Dabei werden verschiedene Entwicklungsstufen durchlaufen: von der Daten- über die Informations- bis hin zur Wissensstufe. Den Wert eines Verlages ermittelt man immer mehr dadurch, indem man auf das Verhältnis von Daten, Informationen und Wissen schaut. Wissensmanagement ist für alle ein Muss, die ihre Markt- position in der heutigen Wissensgesellschaft behaupten und ausbauen wollen: in der informationsbasierten Wirtschaftswelt finden gewaltige Umstrukturierungen statt, d.h.: wenn der Wettbewerb immer weniger über Faktoren wie Kosten oder Finanzmittel gewonnen werden kann, muss nach anderen, tiefer liegenden, bisher noch ungenutzten Faktoren gesucht werden. Während das Management klassischer Produktionsfaktoren schon sehr weit ausgeschöpft ist, wird das Management der Wissens-Rohstoffe seine Zukunft noch vor sich haben.

*FaktorenCluster:* eine Wissensbilanz hilft dabei, in das zuvor geschilderte etwas chaotische Faktoren-Tableau eine überschaubarere Ordnung zu bringen: es wird nach Gruppierungsmerkmalen gesucht, mit denen die sich auf einer ähnlichen Ebene bewegenden Faktoren zu Clustern zusammengefasst werden können. In Wissensbilanzen wird hierbei üblicherweise eine Unterscheidung nach: Geschäftsprozessen (GP), Geschäftserfolgen (GE), Humankapital (HK), Strukturkapital (SK) und Beziehungskapital (BK) vorgenommen. Gegenüber dem zuvor ungeordneten Faktoren-Spielfeld könnte hieraus nunmehr folgendes Tableau entwickelt werden: es wird untersucht, welchen Stellenwert bestimmte Prozesse für den Markterfolg haben, welche Prozesse besonders risikoanfällig und welche eher stabilisierend wirken. Wichtigste Frage: was sind überhaupt die zentralen Prozesse, über die ein Erfolg sichergestellt werden kann?

*Was ist Erfolg?* Erfolgreich ist ein Eigenverleger, wenn er sich langfristig auch unter schwierigen Rahmenbedingungen im Markt behaupten kann. Die Erfolgsfaktorenanalyse dient dem Zweck, zentrale Einflussgrößen für den Gesamterfolg ausfindig zu machen. Es soll systematisch nach Schlüsselfaktoren gesucht werden, die die Erfolgsperspektiven von Strategien maßgeblich beeinflussen. Einige typische Merkmale für Geschäftserfolge können sein: sich auf Gebiete konzentrieren, in denen man bereits stark ist. Oder: gründlich vorausplanen, bevor man Projekte in Angriff nimmt. Oder: in den Erfolg investieren, indem man gute Projekte voll und ganz unterstützt. Oder:

schwache Projekte frühzeitig erkennen und beenden. Oder: Hindernisse beseitigen, damit gute Ideen nicht immer wieder blockiert werden.

Das Humankapital (HK) umfasst alle Eigenschaften und Fähigkeiten, die ein Eigenverleger als Einzelperson in sein Geschäftsmodell einbringt, z.B.: Qualifikation, soziale Kompetenz, Motivation, Eigenkapitalausstattung oder Durchhaltevermögen. Humankapital ist im Besitz der betreffenden Person, d.h. das spezifische Wissen eines Eigenverlages ist zu einem bedeutenden Teil in Köpfen gespeichert. Wertschöpfung: menschliche Arbeit wird zunehmend als Quelle für betriebliche Wertschöpfung erkannt, sie ist jedoch nicht von den Personen, die sie leisten, zu trennen. Welches Wissen und welche Kompetenzen sind relevant? Welches Verhalten und welche Einstellungen sind für erfolgreiches Publizieren wichtig/ notwendig? Das Strukturkapital umfasst Strukturen und Prozesse, welche Eigenverleger zur Erreichung des Geschäftserfolges benötigen. Intelligente Strukturen, d.h. es geht es um Fragen wie: wodurch werden Abläufe und Verfahren festgelegt, transparent gemacht und verbessert? Wie werden Abläufe und Prozesse durch IT unterstützt? Wie werden Innovationen entwickelt? Wie werden die Tätigkeiten an Leserinteressen ausgerichtet? Wie wird die Kommunikation gestaltet? Wie wird erfolgskritisches Wissen genutzt, geteilt, gesichert und geschützt? Typische Einflussfaktoren für das Strukturkapital: Innovationsstärke, Prozess- und Verfahrensinnovationen, Führungsprozesse organisieren, Leitbilder kommunizieren,

Informationen und explizites Wissen bereitstellen, Wissen transferieren und sichern, u.a.

## Neue publizistische Inseln für Eigenverleger – Zukunft mit Verzicht auf zwischengeschalteten Verleger selbst erfinden

Über viele Jahre hinweg konnten die Medienmacher den Werbekuchen weitgehend unter sich (Konkurrenz machten ihnen allenfalls Außenwerber mit Plakaten) verteilen: mit Google, Facebook, Apple und Co. hat sich dies dramatisch geändert, die Karten werden neu gemischt. Ähnlich verändert hat sich der Kampf um Lese-, Zuhör- und Zuschauzeiten. Die Menschen surfen, twittern, liken, mailen und wischen sich durch die verschiedensten Medienangebote. Die Medienmacher der Zukunft sind vielleicht nicht mehr die Verlage, wie man sie heute kennt, sondern neue Player.

Welche Vorstellungen haben die, die mittendrin in diesem Umbruch stecken (Autoren, Journalisten, Kreative)? Wie wollen (können) sie auch in der Zukunft Geld verdienen? Bei manchen von ihnen breitet sich so etwas wie Aufbrauchstimmung aus, da sie keine Lust darauf haben, ihrem eigenen Niedergang nur zuzuschauen: „wir wollen nicht hinter Verlagsmauern sitzen und zusehen, wie andere die Zukunft erfinden, während uns ein Manager sagt, für das, was wir wollen (unabhängig recherchieren, berichten, analysieren, publizieren), gebe es keine gute Marktstudie.

Sind unternehmerische Journalisten vielleicht sogar die besseren Verleger? Könnten ihnen (eher) gelingen, worum die Medienkonzerne in der Digitalwirtschaft noch hat zu kämpfen haben? Neben dem Crowdfunding gibt es so auch beispielsweise die Idee der Subskription, also dem Verkauf, noch bevor das Produkt überhaupt fertig ist. Im Vordergrund steht immer wieder der Verzicht auf einen zwischengeschalteten Verleger. Mit den auf den Markt drängenden Eigenverlegern entstehen neue publizistische Inseln. Viele dieser Eigenverleger haben erkannt, dass ihr bisheriger Karriereweg nicht mehr gangbar ist und wollen nicht weiter am Mast eines sinkenden Schiffes hochklettern müssen. In einer Welt, die immer erklärungsbedürftiger wird sind sie (auch aufgrund immer besserer technischer Möglichkeiten) von sich neu bietenden Gewinnperspektiven überzeugt.

Gleichwohl bleibt es schwierig, bei so viel Veränderung nicht aus der Zeit zu fallen. Das Internet wirbelt gleich vieles durcheinander: neue Anbieter, neue Medienkonzepte und gleichzeitig neue Wege, Inhalte spontan und weit streuen zu können. Die Neuen lassen sich nicht mehr mit den klassischen Print-Medien über einen Kamm scheren. Auch im Internet kostet Qualität Zeit und Geld. Ob Sprachpurist, Print-Fetischist oder Freund aller sozialen Medien: wer Qualität haben will, muss sich langmachen. Auch auf der Suche nach guten Content-Lieferanten. Es bieten sich also manche Chancen für professionelle Eigenverleger, die den Wandel für sich zu nutzen wissen. Hierbei steht eines fest: Autoren haben an Einfluss gewonnen und sind keine Anhängsel der Warenkette mehr.

So haben sich rund um das E-Book neue Geschäftsmodelle entwickelt, etwa das digitale Selfpublishing (eine Entwicklung, die von vielen mit Interesse verfolgt wird). Während im bereits weiter entwickelten Belletristik-Bereich die Masse und Menge ausschlaggebend sind (Romane von 200-400 Seiten als günstiger Lesestoff) steht im sich gerade entwickelnden Markt für Fach- und Sachbücher die Qualität der Inhalte im Fokus (hier können es auch schon einmal nur 20-30 Seiten sein). Setzt der Eigenverleger auf externe Dienstleister, sollte (muss) er strenge Kostendisziplin üben: für einen Lektor oder Cover-Gestalter können durchaus bereits mehrere hundert Euro an Kosten anfallen. Solche Investitionen wollen (besonders wenn sie für mehrere Bücher häufiger zu tätigen wären) wollen gut überlegt und genau kalkuliert sein.

*Profile:* aus den Bewertungen können Profildiagramme erstellt werden. Es kommt das Ampel-Prinzip zur Anwendung. Jedes Balkenbündel zeigt für den jeweiligen Wissensfaktor mit dem oberen Balken die Quantität, mit dem mittleren Balken die Qualität und mit dem unteren Balken die Systematik an. Nachfolgendes Beispiel zeigt die Erfolgsfaktoren:

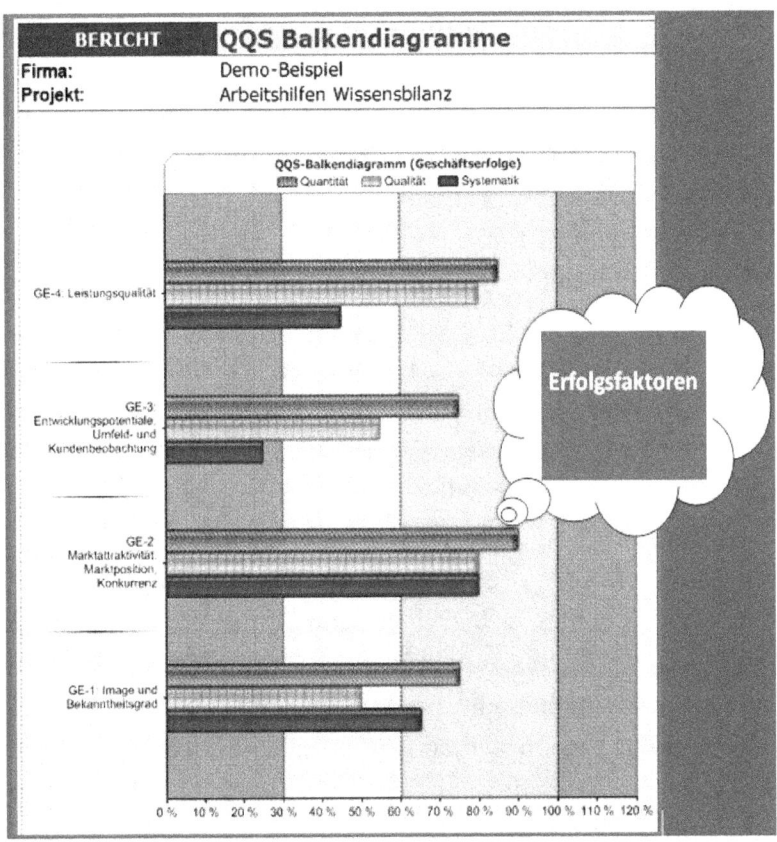

## Manchmal braucht man eine Geschichte, um einen Sachverhalt unter die Leute zu bringen, um ihre Aufmerksamkeit zu gewinnen, um Zusammenhänge plastisch zu beschreiben

Wirtschaftswissen ist manchmal steril, Geschichten dagegen sind ansteckend und verbreiten sich schneller. Selbst dann, wenn offen ist, ob die Pointe wirklich wahr und der behauptete Zusammenhang korrekt ist. Fiktive Realitäten können manchmal leichter zu handfesten Realitäten führen. Mit Ausnahme einiger Außenseiter beschäftigen sich Ökonomen mit Storytelling bisher eher selten. Erzählungen gelten als wissenschaftstheoretisch minderwertig, da sie einer anderen Logik als der einer Falsifikation folgen. „Mit akademischer Hochnäsigkeit haben die Ökonomen es bisher versäumt, im Wettbewerb um die besseren Geschichten mitzubieten, mit der Folge, dass ihre Kritik hinterher nicht mehr durchdrang. Vor diesem Hintergrund wird nunmehr manches Plädoyer für eine fusionierte Geistes- und Sozialwissenschaft publiziert. Das Motto: „Mathe taugt für den Anfang; danach braucht es Narrativität". Als „Narrativ" gelten sinnstiftende Erzählungen, die „für das Selbstverständnis einer Gesellschaft, für ihre sozialen Normen.

Ökonomen lieben Modelle, die sie mit harten empirischen Daten unterlegen können. Wer in Zeitungen oder Erzählungen nach Motiven für wirtschaftliches Verhalten sucht, gilt sehr schnell als Anekdoten-Ökonom. Wirtschaftliche Krisen lassen sich jedoch selten allein mit rein ökonomischen Rückkoppelungen und Multiplikatoren erkennen, denn die damit verbundenen vorherrschenden und lebendigen Geschichten spielen ebenso eine oft unterschätzte Rolle. Perspektiven bieten interdisziplinäre Ansätze von Wirtschafts-, Kultur- und Sozialwissenschaften: insgesamt ein weites Arbeitsfeld für agile Eigenverleger. Dabei liegt eine wichtige Ursache für die Verdichtung von Zeit nicht zuletzt darin, dass viele Tätigkeiten gleichzeitig immer komplexer geworden sind (Aktendeckel kann man schließen, Strategiefragen nicht). Viele Tätigkeiten sind zwar interessanter geworden, benötigen aber ein Mehr an Zeit. Geschäftsmodelle scheinen längst nicht mehr so stabil und langfristig wie einst angelegt zu sein, sondern müssen sich in immer kürzeren Zeitintervallen geradezu neu erfinden. Das mag zwar spannend sein, erzeugt aber erheblichen Veränderungsdruck, dem sich jeder Eigenverleger rund um die Uhr stellen muss.

Aus den Bewertungen können Profildiagramme erstellt werden. Es kommt das Ampel-Prinzip zur Anwendung. Jedes Balkenbündel zeigt für den jeweiligen Wissensfaktor mit dem oberen Balken die Quantität, mit dem mittleren Balken die Qualität und mit dem unteren Balken die Systematik an. Nachfolgendes Beispiel zeigt die Beziehungsfaktoren:

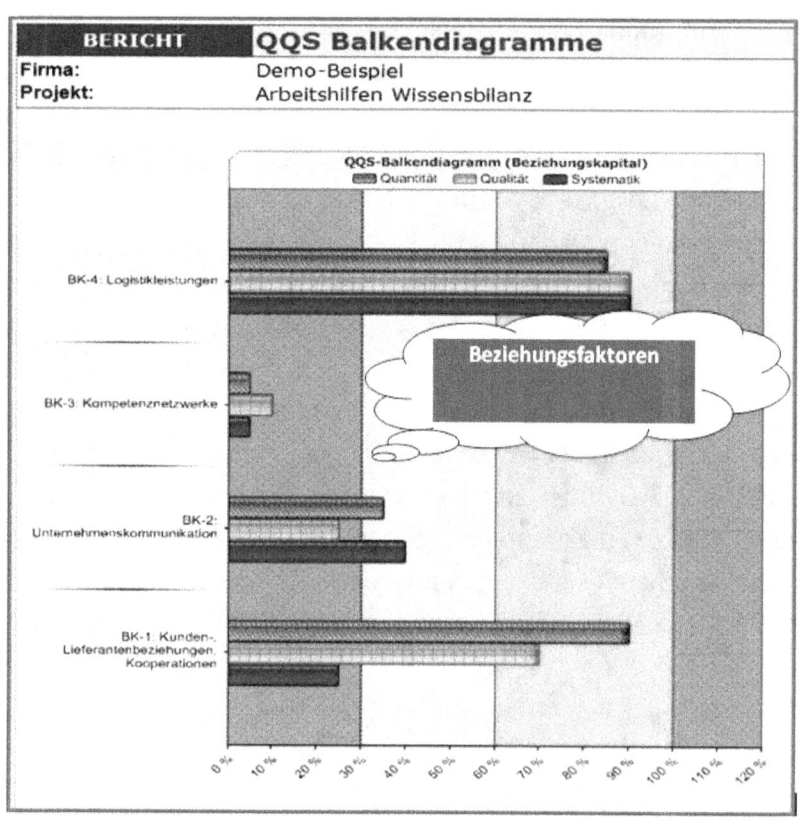

## Die Zahl der Autoren, die den klassischen Verlag (sofern er sich nicht grundlegend ändert) für ein Auslaufmodell halten und auf die Seite der Eigenverleger wechseln, nimmt zu

Dafür dass sich der Print-Markt generell in einem Schrumpfungsprozess befindet lassen sich viele Beispiele finden. Bei regionalen und überregionalen Tageszeitungen sinkt die gedruckte Auflage kontinuierlich ab, während die Zugriffe auf die elektronischen Ausgaben steigen. Der Eigenverleger muss sich als Unternehmer daher selbst Gedanken machen, wie er seine Bücher vermarkten will. Möchte er beispielsweise seine Bücher mit einer ISBN ausstatten (mehrere ISBN kosten im Bündel weniger, machen aber nur Sinn, wenn man Bücher in größerer Zahl veröffentlicht)? Auch für die Cover-Gestaltung können leicht Kosten von 300 – 500 Euro anstehen. Welches ist das für Inhalt, Komplexität und Zielgruppe geeignete Buchformat (als PDF realisiert oder als ePUB umgesetzt)? Wie soll der Text am besten erfasst werden? Welcher Dienstleister ist am besten geeignet?

E-Books können und werden gedruckte Bücher nie komplett ersetzen, sind aber dessen ungeachtet ihre moderne Variante. Wer generelle Vorbehalte hat, könne (sollte) sich auch fragen: „Wozu braucht man Fernsehen, wenn es Radio gibt ? Wozu braucht man Tonfilme, wenn es Stummfilme gibt?" Das E-Book unterliegt wie das gedruckte Buch den gleichen Marktgesetzen. Es gibt sehr erfolgreiche E-Books, denen ein Buchverlag nie eine Chance gegeben hätte. Für Eigenverleger ist es bereits ein (unschätzbarer) Vorteil, wenn bei der Suche nach einem Verlag die Anbiederung entfallen kann und wenn Ausstattung und Inhalt allein vom Eigenverleger selbst entschieden werden können. Der Eigenverleger hat alle Möglichkeiten, seine Bücher so umzusetzen, wie er sich das vorstellt, um damit Geld zu verdienen. Wenn der Eigenverleger nicht nur Einzelbücher, sondern eine komplette Buchreihe auflegen will, wird er bei einem Verlag ohnehin vor eher verschlossenen Türen stehen.

E-Books lohnen sich in der Selbstvermarktung weiterhin deshalb: „die Zeiten, in denen die Ansprüche eines Verlages höher waren als die eines Autors, sind lange vorbei". Es kann heute durchaus vorkommen, dass bei (großen) Verlagen Lektoren nicht nur fachlich, sondern auch sprachlich Fehler in den Text korrigieren. Nicht selten geschieht dies gerade im Bereich der Fachbücher, die gewisse Grundkenntnisse voraussetzen. Besonders drastisch ist die Diskrepanz zwischen Eigenverleger und traditionellem Verlag bei der Marge: wem in einem normalen Verlagsvertrag acht bis zehn Prozent des Nettoladenpreises zugestanden wird, dem dürfte nach Abzug aller möglichen Posten (die ein Verlag findet) manchmal nicht mehr als ein Euro pro verkauftem Buch verbleiben.

*Portfolioanalyse:* für alle vorherigen Profil-Diagramme wie auch die nachfolgenden Portfolio-Diagramme wurden die im obigen Tableau fiktiv angenommenen Bewertungen verwendet. Mit Hilfe von Portfolio-Diagrammen können die Ergebnisse aus den zuvor dargestellten Ampel-Profilen weiter verdeutlicht und analysiert werden. Jede der Faktorengruppen (Prozess-, Erfolgs-, Human-, Struktur-, Beziehungsfaktoren) soll dabei mit drei Portfolio-Diagrammen, d.h. jeweils getrennt nach Bewertungs-Dimensionen Quantität, Qualität und Systematik beschrieben werden:

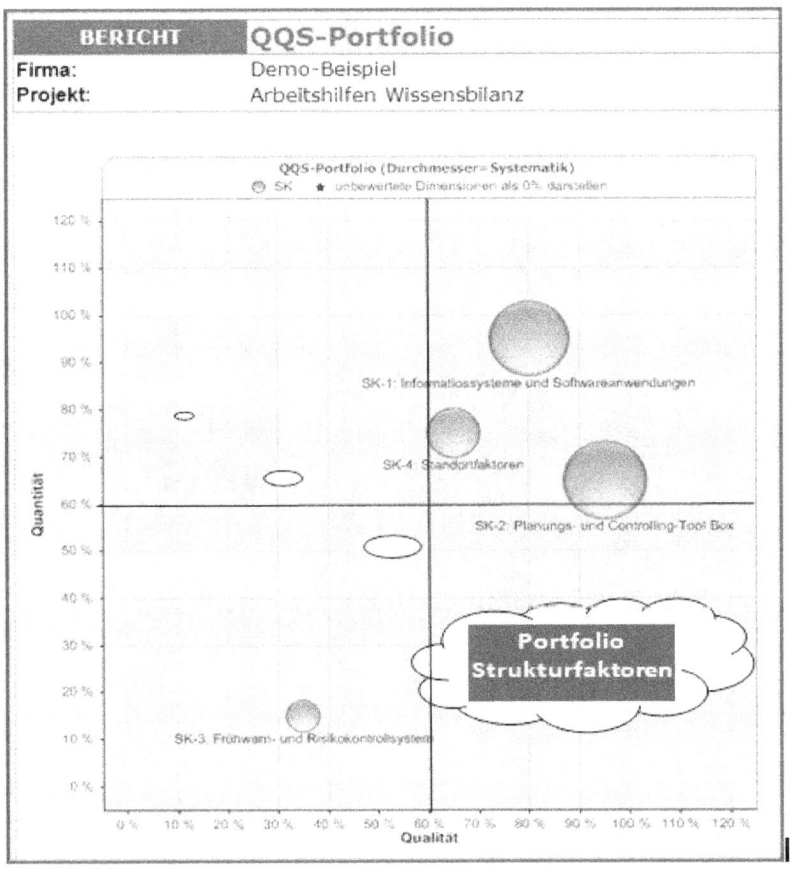

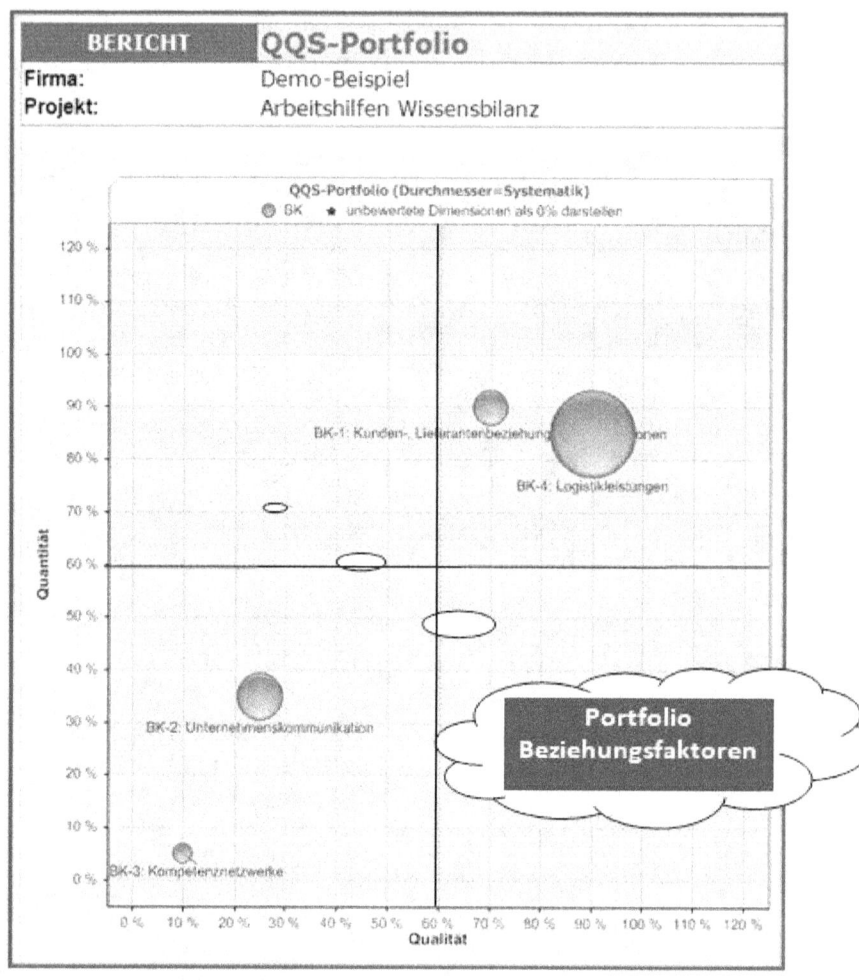

## Ein Eigenverleger wird von Gefahren und Unwägbarkeiten begleitet

Von einem Eigenverleger müssen manche Stromschnellen gemeistert und in die Tiefe ziehende Strudel umschifft werden. Das schönste Schiff mit der besten Ladung nützt wenig, wenn es von seinem Steuermann in gefahrvollem Gewässer auf Grund gesetzt wird. D.h. in diesem Bild nützt auch der beste Businessplan mit ausgefuchstem Finanzierungskonzept nichts ohne entsprechend qualifizierte Personalfaktoren des Kapitäns auf der Brücke.

*Maßnahmen:* Wenn die beschriebenen Arbeitshilfen konsequent angewendet wurden, so sollten damit bereits eine Reihe von Grundlagen geschaffen worden sein, auf denen ein in sich geschlossenes Maßnahmenpaket entwickelt werden könnte. Manche der Maßnahmen dürften an anderer Stelle bereits in Arbeit oder zumindest vorgesehen sein. An dieser Stelle wird das Augenmerk besonders darauf ausgerichtet, dass im Rahmen der Wissensbilanz-Systematik ein Werkzeug vorgesehen wird, mit dessen Hilfe Einzelmaßnahmen eindeutig auf Wissensfaktoren zugeordnet und mit ihnen verknüpft werden können. Dies hat den Vorteil, dass gegebenenfalls an irgendeiner Stelle des Systems vorgenommene Änderungen immer mit ihren ganzen Auswirkungen und Verästelungen verfolgt werden können. Die vorgesehenen Maßnahmen sollten vor ihrer Umsetzung mit Blick auf die strategische Ausrichtung und unter Berücksichtigung der im Wissensbilanz-Prozess zusammengetragenen/ dokumentierten Informationen diskutiert werden. So können Maßnahmen verhindert werden, die an der falschen Stelle ansetzen oder denen Wirkungen unterstellt werden, die in der Analyse nicht identifiziert wurden. Fundamentale Änderungen der Strategie sollten der Ansatz für die nächste Wissensbilanz sein (eine nachträgliche Änderung in der aktuellen Berichtsperiode würde ggf. den Bewertungsmaßstab verfälschen, da die jeweilige Strategie die "Messlatte" der gesamten Analyse darstellt. Frage: gibt es Hinweise, dass die Geschäftsstrategie geändert werden muss? Falls ja, sollte die Gelegenheit zur Anpassung der Strategie genutzt werden.

Um seinen Markterfolg zu sichern, muss ein Eigenverleger besser sein als andere. Der Schlüssel dazu liegt in der gezielten Steuerung von Faktoren, die seine Wissensfähigkeiten bestimmen. Hierzu müssen systematisch die Ausprägungen der wissensrelevanten Gestaltungsfelder abgefragt werden. Damit erfolgt eine Positionierung der Wissens- und Leistungsfähigkeit des Eigenverlegers, das betriebliche Wissensgeschehen wird in seiner ganzen Bandbreite erfasst. Auf Basis dieser Wissensanalyse kann ein Eigenverleger identifizierte Potenziale ausschöpfen, sich selbst verbessern und dadurch marktfähiger werden. Eine wiederholte Nutzung der Selbstbewertungsinstrumente ermöglicht die kontinuierliche Erfolgskontrolle von umgesetzten Maßnahmen. Aus den Analyseschritten werden solche Maßnahmen abgeleitet, die das größte Entwicklungspotenzial versprechen. Die operative Umsetzung der Maßnahmen ist nicht mehr direkter Bestandteil der

Wissensbilanz. Die Wissensbilanz hilft aber, die besten Maßnahmen zu planen, auf die richtigen Faktoren auszurichten und insbesondere den Maßnahmenerfolg in nachfolgenden Bilanzierungszyklen immer wieder zu überprüfen und mittels Indikatoren zu messen.

*Maßnahmen Checkliste*: grundsätzlich muss eine Maßnahme im Vergleich zu mehreren Alternativen zweckmäßig sein, bewertet und kompetent entschieden sein. Zur Umsetzung der betreffenden Maßnahme muss es einen einen möglichst genauen Terminplan geben. Die Ergebnisse einer solchen Maßnahmenplanung beinhalten eine Bewertung (Kosten-, Nutzenanalyse) und Abschätzung des jeweiligen Zielbeitrages. *Name der Maßnahme*: der Maßnahme einen sprechenden Titel geben. *Ziel/Ergebnis*: welche wesentlichen Ziele werden verfolgt? *Vorgehen*: was ist zu tun? In welcher Reihenfolge sollten welche Schritte umgesetzt werden? *Dauer (in Monaten)*: für welchen Zeitraum ist die Maßnahme angesetzt? Wann soll das Ziel erreicht sein? *Status*: in Planung/in Bearbeitung/ abgeschlossen? *Start*: wann wird angefangen? *Wirkungsprognose*: welche Auswirkungen innerhalb des Intellektuellen Kapitals sind zu erwarten? Was bewirkt die Maßnahme direkt/indirekt? *Verantwortlich/Ressourcen*: wer ist für die Umsetzung und die Zielerreichung verantwortlich? Wer arbeitet mit? *Einflussfaktoren*: auf welche Einflussfaktoren soll die Maßnahme wirken? Wie sind diese aktuell bewertet (Quantität, Qualität, Systematik)? *Indikatoren*: mit welchen Kennzahlen können die angestrebten Veränderungen am besten gemessen und überwacht werden? Welche Soll-Werte müssen die Indikatoren annehmen, um das Ziel zu erreichen?

## Projektmanagement - Fehler vor oder beim Projektstart können sich im weiteren Verlauf aufsummieren

Für einen Eigenverleger ist Vorbereitung wichtig: Versäumnisse hierbei können sich im Laufe eines Projektes potenziere n. Zu den typischen Problemen zählen u.a. eine mangelnde Zieldefinition, To-do-Listen ersatzweise für echtes Projektmanagement, keine Betrachtung des Umfeldes (kann zu unvorhergesehenen oder ungewollten Wechselwirkungen oder nicht berücksichtigten Einflüssen führen), keine Betrachtungen der Wirkungsbeziehungen zwischen einzelnen Arbeitspaketen, nicht realistische Ergebniserwartungen (Zeit, Kosten, Qualität) oder fehlende Ressourcen. Noch vor Beginn des Projektstarts muss die Verträglichkeit (Kostensenkung und gleichzeitige Qualitätssteigerungen könnten sich beispielsweise konträr gegenüberstehen) der definierten Zielvorstellungen geprüft werden. Projektziele sind nicht nur zum Projektanfang wichtig, sondern müssen fortlaufend aktiv betrachtet und gegebenenfalls aktualisiert werden. Darüber hinaus sollten Ziele mit ihren jeweiligen Prioritäten gewichtet und in einer Zielhierarchie strategisch gebündelt werden. Zu den Einflussfaktoren des Umfeldes sollten zusätzlich Risiken zugeordnet und analysiert werden. Standard-Eingabemaske für geplante Maßnahmen:

| Maßnahme | |
|---|---|
| Ziel Ergebnis | |
| Vorgehen | |
| Dauer/Mon. Start | Dauer in Monaten: Start-Termin: |
| Wirkungs-prognose | |
| Budget Ressourcen | |
| Verantwortlich | |

Die vorgesehenen Maßnahmen sollten vor ihrer Umsetzung mit Blick auf die strategische Ausrichtung und unter Berücksichtigung der im Wissensbilanz-Prozess zusammengetragenen/ dokumentierten Informationen diskutiert werden. So können Maßnahmen verhindert werden, die an der falschen

Stelle ansetzen oder denen Wirkungen unterstellt werden, die in der Analyse nicht identifiziert wurden.

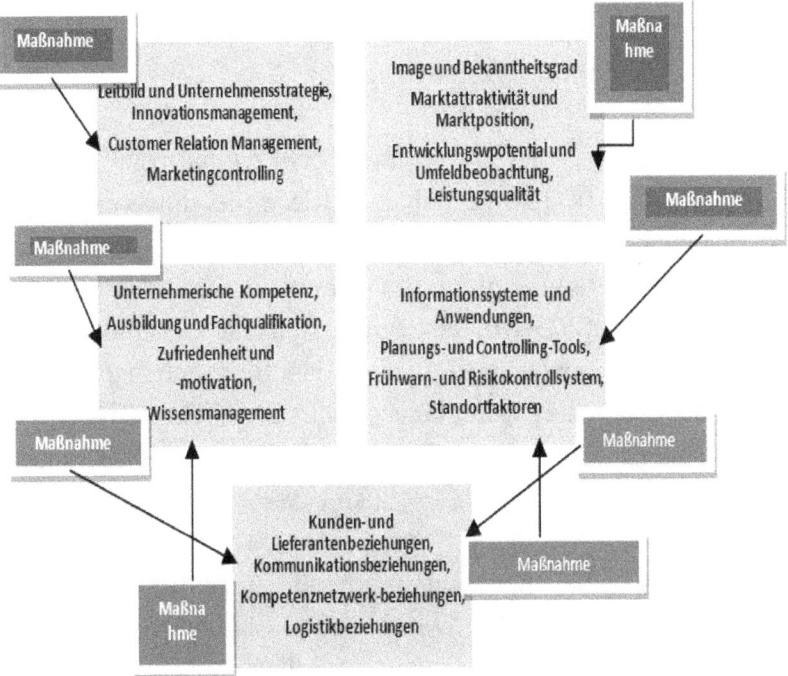

Lohnt sich immer das Wagnis des Neuen, oder sollte man manchmal doch lieber auf Bewährtes setzen? Entscheidungsunterstützung bietet die Lindy-Regel: je länger ein System oder Prinzip bereits existiert und funktioniert, desto höher ist die Wahrscheinlichkeit, dass es auch in Zukunft noch existieren und funktionieren wird. Denn wenn auch jede Gesellschaft dringend Innovationen und Erfindungen braucht, sind diese aus der Sicht eines Einzelnen nicht immer nur vorteilhaft sein. Wert oder Nutzen für einen selbst werden manchmal überschätzt. Wasser und Wein trinkt der Mensch seit Jahrtausenden, Bier seit Jahrhunderten. Welche Langzeitwirkungen dagegen irgendwelche neumodischen Zauberdrinks haben, wird sich womöglich erst in Jahrzehnten zeigen.

Viele Währungsneuerungen haben nicht einmal zehn Jahre lang funktioniert (100-jährige haben mittlerweile fünf verschiedene Währungen überlebt). Gold hingegen wird seiner Funktion als Wertaufbewahrungsmitteln seit nunmehr sechstausend Jahren gerecht. „Die Lindy-Regel bezieht sich auf Gesamtheiten. Sie besagt also in diesem Fall, dass das Beziehungsgeflecht der Freundschaften aus Schultagen wahrscheinlich stabiler ist als das Geflecht der neuen Bekanntschaften aus dem jüngsten Mallorca-Urlaub, das sich erst noch bewähren muss".

Vieles, was als neu und innovativ angepriesen wird, ist tatsächlich nur ein alter Wie in neuen Schläuchen. D.h., auch viele Finanzinnovationen sind lediglich Scheininnovationen. Hierzu ist die Lindy-Regel ein ebenso heil- wie wirksames Gegenmittel, um einer emotionalen, irrationalen Überbewertung von Innovationen nicht auf den Leim zu gehen. Denn beruht der neue Super-Value-Fonds nicht wirklich auf dem lange bekannten Ansatz von Warren Buffet? Oft ist es besser, seine Anlageziele mit bewährten Investment-Vehikeln umzusetzen. Anstatt Gefahr zu laufen, als Anleger als eine Art Versuchskaninchen für „neue" Produktideen missbraucht zu werden.

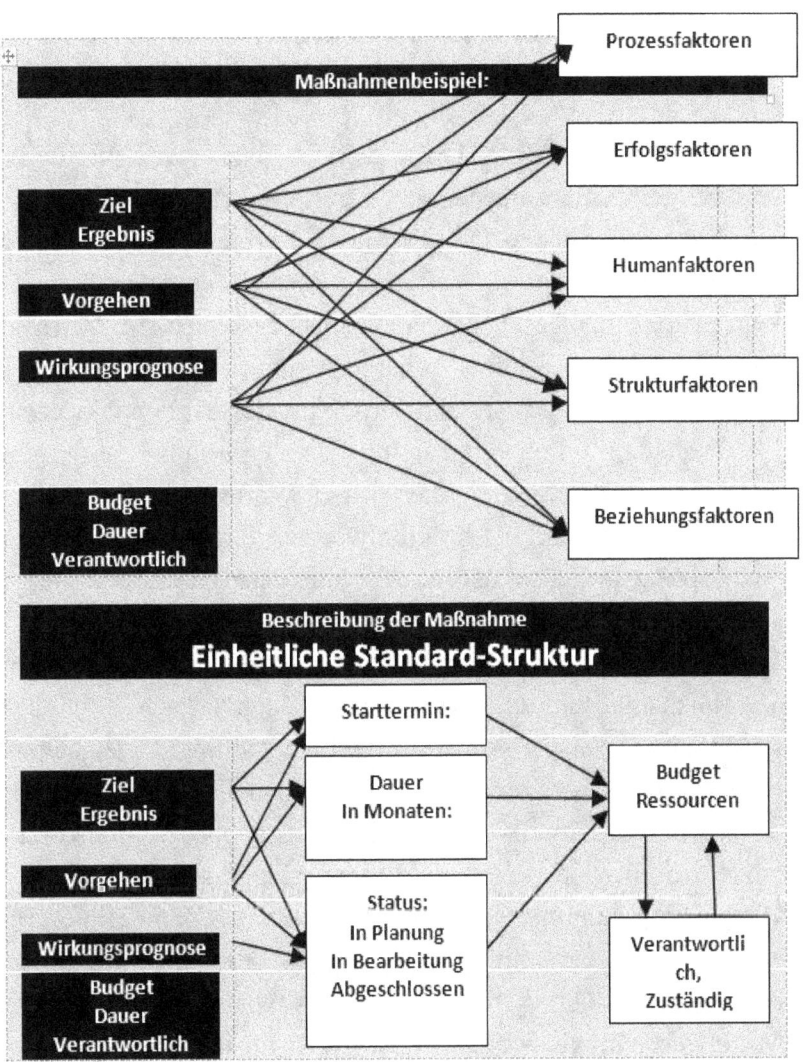

## Der typische Wert einer Erscheinung - Mittelwert als Ersatzwert für die Mannigfaltigkeit

Wenn man im Alltagsleben von statistischen Mittelwerten spricht, denkt man meistens an deren einfachste Form, nämlich die des gewöhnlichen Durchschnitts. Betrachtet man über eine Zahlenlinie hinweg die Verteilung der beobachteten Werte, so kommt man häufig zu dem Ergebnis, dass sich die Werte um eine mittlere Stelle scharen, dass die Zahlenreihe gewissermaßen eine Art Schwerpunkt oder Mittelpunkt besitzt. Ein solcher Mittelwert stellt den typischen Wert einer Erscheinung dar, von dem die übrigen Werte nur zufallsbedingte Abweichungen sind. Der Mittelwert ist ein bequem handhabbares Konzentrat als Ausdruck für eine ganze Reihe.

Der Mittelwert erfüllt zudem die Funktion eines Vergleichsmaßstabes. Kennt ein Eigenverleger für seine Publikation beispielsweise einen bestimmten Einzelpreis, bereitet es ihm oft Schwierigkeiten, diesen als hoch oder niedrig zu beurteilen. Unwillkürlich denkt man dann oft unbewusst an einen Mittelwert. Wenn ein Eigenverleger seine Produkte zu verschiedenen Preisen verkauft, so oft vor dem Hintergrund eines Preises, der, mit der Gesamtzahl der Fälle multipliziert, den Gesamterlös ergibt. Ein Statistikexperte bezeichnete den Mittelwert einmal als „einen Ersatzwert für die Mannigfaltigkeit der konkreten Einzelwerte." Und definierte statistische Mittelwerte „als Zahlenwerte, die eine statistische Reihe in konzentrierter Form charakterisieren, zwischen den Extremen der Reihe liegen und von den Reihenwerten eindeutig bestimmt werden. In der Statistik sind verschiedene Formen des Mittelwertes gebräuchlich.

Die Einzelwerte einer Reihe, beginnend mit dem kleinsten Wert wird mit $a_1$, $a_2$, $a_3$,...............$a_n$ bezeichnet. Errechnete Mittelwerte sind u.a. das arithmetische Mittel $A = \sum a : n$, das geometrische Mittel $G = \sqrt[n]{\Pi a}$ oder das quadratische Mittel $Q = \sqrt{\sum a^2} : n$. Mittelwerte der Lage sind u.a. der Zentralwert Z oder Median (= der Wert, der in einer der Größe nach geordneten Reihe in der Mitte liegt oder der häufigste (dichteste) Wert D (=der Wert einer Reihe, der am häufigsten vorkommt). „Charakteristisch für die errechneten Mittelwerte ist, dass ihr Wert durch die geringste Änderung eines Einzelwertes der Reihe berührt wird, und zwar umso mehr, je größer die Einzeländerung, und um so weniger, je größer die Gesamtzahl der Werte der Reihe ist. Bei den Mittelwerten der Lage ist das nicht der Fall. Sie sind weniger empfindlich".

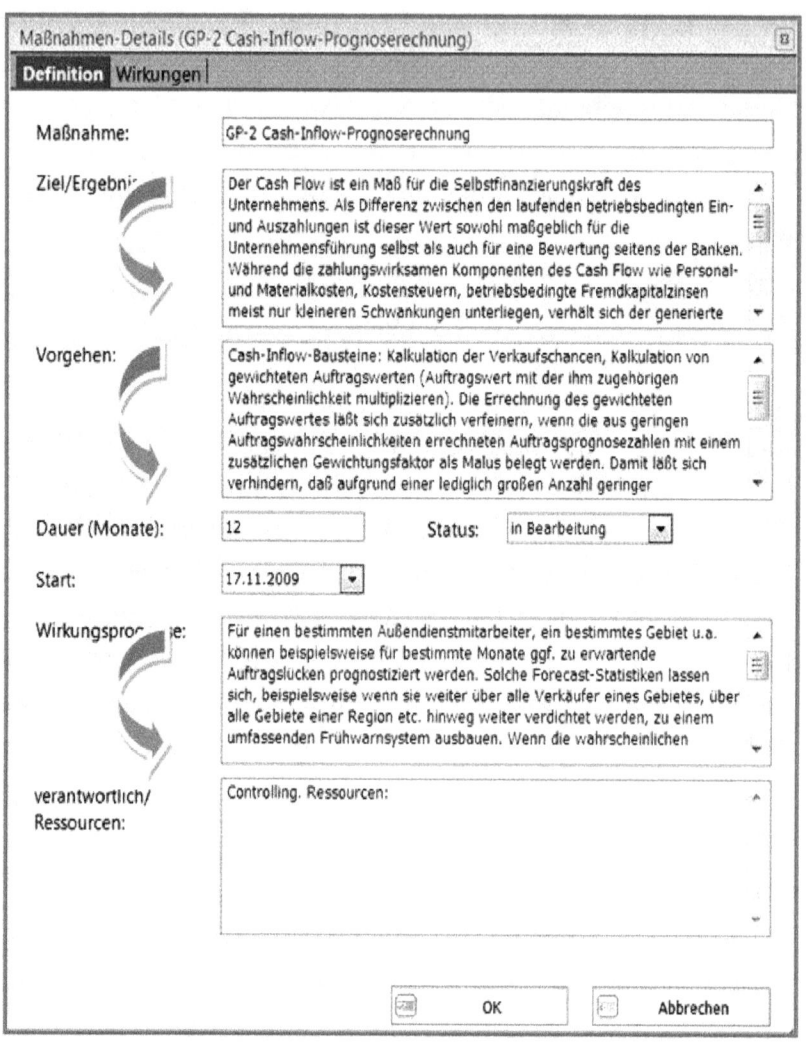

Das bis hierin nach wie vor noch unübersichtliche Maßnahmenpaket erhält erst dann richtige Gestalt und Struktur, wenn nicht mehr jede Maßnahme als im ungeordneten Raum stehend abgespeichert, sondern statt dessen eindeutig einem bestimmte Wissensfaktor zugeordnet wird. Systemseitig wird eine Verknüpfung zwischen Wissensfaktoren einerseits und Maßnahmen andererseits hergestellt. Zusammenhänge werden transparent gemacht und können nicht mehr übersehen werden. Was immer auch an Änderungen auf der Seite der Wissensfaktoren eintreten mag, die Auswirkungen werden auch bis hin zu allen Maßnahmen (in welchem Status auch immer befindlich) berücksichtigt. Umgekehrt gilt das gleiche, wenn sich Änderungen im Maßnahmen-Modul einstellen sollten.

| BERICHT | Einflussfaktoren | |
|---|---|---|
| Firma: | Demo-Beispiel | |
| Projekt: | Arbeitshilfen Wissensbilanz | |

17.11.2009

Periode 2009/2011

### Geschäftsprozesse

| ID | Einflussfaktor | Definition |
|---|---|---|
| GP-1 | Leitbild und Unternehmensstrategie | x |
| GP-2 | Innovationsmanagement, Management of Change | x |
| GP-3 | Customer-Relationship-Management | x |
| GP-4 | Marketingcontrolling | x |

### Geschäftserfolge

| ID | Einflussfaktor | Definition |
|---|---|---|
| GE-1 | Image und Bekanntheitsgrad | x |
| GE-2 | Marktattraktivität, Marktposition, Konkurrenz | x |
| GE-3 | Entwicklungspotentiale, Umfeld- und Kundenbeobachtung | x |
| GE-4 | Leistungsqualität | x |

### Humankapital

| ID | Einflussfaktor | Definition |
|---|---|---|
| HK-1 | Unternehmerische Kompetenz | x |
| HK-2 | Aus-/Weiterbildung, Fachqualifikation | x |
| HK-3 | Mitarbeiterzufriedenheit/-motivation | x |
| HK-4 | Wissensmanagement/-bilanzierung | x |

### Strukturkapital

| ID | Einflussfaktor | Definition |
|---|---|---|
| SK-1 | Informationssysteme und Softwareanwendungen | x |
| SK-2 | Planungs- und Controlling-Tool Box | x |
| SK-3 | Frühwarn- und Risikokontrollsystem | x |

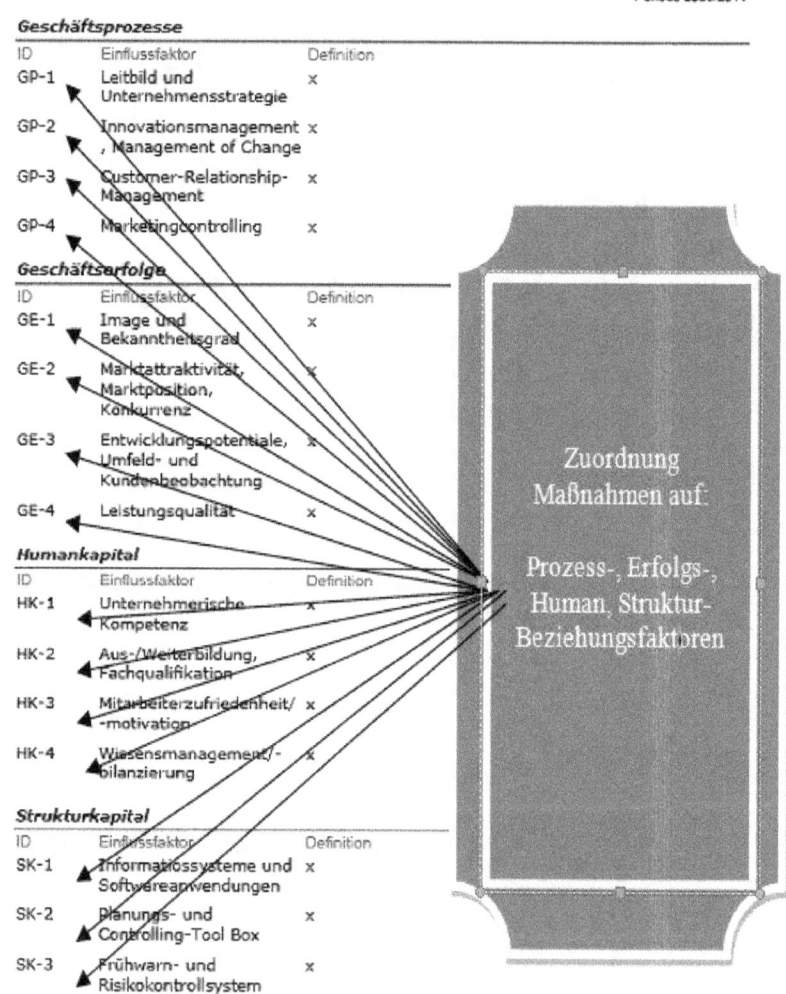

Zuordnung Maßnahmen auf:

Prozess-, Erfolgs-, Human-, Struktur-, Beziehungsfaktoren

Dateiname: Arbeitshilfen.w/bp    Ersteller: Dipl.Kfm. Jörg Becker

## Typisch für Eigenverleger sind Eigendynamik und Undurchsichtigkeit mancher Entscheidungssituationen – es braucht strategisches Gespür für Unbestimmtheit und Komplexität

Eigendynamik einer Situation bedeutet, dass sich die Dinge auch ohne steuernde Eingriffe von außen selbständig entwickeln können und nicht unbedingt von einem Problemlöser oder Entscheider abhängen. Dadurch bedingt ist eine nur begrenzte Verwertbarkeit von Handlungskonzepten. D.h. auch in der Vergangenheit bewährte Konzepte können nur bedingt auf eigendynamische Situationen übertragen werden. Eine Situation ist undurchsichtig, wenn die ihr innewohnenden Entscheidungsvariablen und Einflussfaktoren nur unscharf sichtbar gemacht und zugeordnet werden können. Diese Intransparenz ist meist eine Folge von fehlenden oder unzureichenden Informationen. So kann es sein, dass dann Entscheidungen nur auf der Basis von Stellvertreterinformationen und Symptomen getroffen werden können (Bauchentscheidungen).

*Eigenverleger im Umfeld von Disruption:* viele, die etwas auf sich und ihre Fortschrittsgläubigkeit halten geht es nur noch mit Startup-Spirit (Scheitern heißt gewinnen), einem coolen Büro, Und das alles nur, weil jeder knochentrockene Typ von einst den Glauben hat, sich jetzt und jederzeit mit den Apples im Silicon Valley messen zu müssen. Und im Zentrum dieses Sturmwirbels steht immer wieder die Disruption, eine Revolution, eine neue Idee, die alles ändert, und zwar auf einen

Schlag. Alte Firmen gehen unter, neue (im Zweifel aus Kalifornien herkommend) tauchen auf und nehmen sich alles: „wer nicht aufpasst, so lehrt die Kodak-Fabel, der wird disruptetd, zerlegt von blutjungen Startups" Ein Rudel „fresswütiger Hyänen", die „so klein und machtlos aussehen, bis man merkt –wenn es zu spät ist- dass sie umwerfend zerstörerisch sind. Etablierte scheitern, wenn sie von umstürzenden Innovationen attackiert werden: plötzlich ist überall nur noch Disruption. Eine Geschäftsidee muss, soll sie erfolgversprechend sein, disruptiv sein (sonst fließt kaum Startkapital). Das Geschäft muss skalierbar, d.h. nahezu unbegrenzt und unendlich „ausrollbar" sei, mit Grenzkosten gegen Null tendierend. Der Amazon-Chef brachte dies auf den Punkt: „alles, was die Kunden lieber mögen als das, was sie vorher gekannt haben, ist disruptiv".

*Indikatoren:* die Bildung und Auswertung von Kennzahlen setzt zunächst voraus, dass man sich der Grenzen ihrer Aussagefähigkeit bewusst ist. So darf nicht übersehen werden; Kennzahlen sind in ihrer mathematischen Formalisierung oft statisch und bilden die Dynamik ablaufender Entwicklungen nicht immer genau zeitnah ab. Nicht aus dem Auge verloren werden sollte, dass vergangenheitsbezogene Kennzahlen nur bedingte Aussagen über die Gegenwart und noch weniger Aussagen über die Zukunft zulassen, statische Kennzahlen nur stichtagbezogene Situationen widerspiegeln und damit nicht Bewegungsabläufe über Zeiträume erfassen können. Kennzahlen deshalb nicht isoliert interpretiert werden dürfen, sondern sich immer einer bestimmten Systematik zuordnen lassen müssen.

Struktur- oder Gliederungskennzahlen sagen etwas über das Verhältnis von Teilen zum Ganzen aus wie beispielsweise Kostenstruktur, Kundenstruktur, Umsatzwert-ABC-Analysen etc. Beziehungszahlen sagen etwas über die Relation unterschiedlicher Größen zueinander aus: beispielsweise als reine Mengengrößen (Publikationen/Zeit, etc.) oder als Wertgrößen (Bestand publikationsreifer Manuskripte, Umsatz/ Publikation etc.) oder als Beziehungen zwischen Mengen und Werten (Kosten/E-Book etc.). Indexzahlen sagen etwas über die Veränderung einer Größe zu verschiedenen Zeitpunkten gegenüber einer bestimmten Basiszahl aus. Struktur- und Beziehungskennzahlen können sowohl statisch als auch dynamisch ermittelt werden. Bei der Beziehung zwischen einer statischen und einer dynamischen Größe muss die statische Größe als Mittelwert des Zeitraumes berechnet werden, für den die dynamische Größe gilt.

Indikatoren sollen sich dabei nicht mehr an vergangenheitsorientierten Größen ausrichten, sondern verstärkt auf die Beschreibung latenter Chancen und Risiken abzielen. Es geht darum, positive oder negative Entwicklungen möglichst frühzeitig zu erkennen, die sich in einer Veränderung der jeweiligen Indikatoren im Zeitablauf über oder unter bestimmte Schwellenwerte hinaus ausdrücken. Im Rahmen pyramidenhaft aufgebauter Indikatorensysteme ist dabei die Wahrscheinlichkeit größer, bedrohliche Entwicklungen im unteren Teil der Pyramide, d.h. in weniger aggregierten Daten- früher zu erkennen als direkt an der Spitze eines Kennzahlenbündels.

Wenn bei der Bildung von Kennzahlen mögliche Fehlerquellen nicht beseitigt werden, kann ihre Anwendung u.U. zu Fehlentscheidungen führen. Besonders bei den als Quotient errechneten relativen Kennzahlen können sich Schwierigkeiten bei der Interpretation von Veränderungen ergeben, da die Ungewissheit darüber besteht, ob der Zähler, der Nenner oder evtl. auch beide die Veränderung bewirkt haben. Integrierte Kennzahlensysteme sind immer Mittel-Zweck-Beziehungen, die aus dem Planungssystem des Unternehmens abzuleiten sind. Das wichtigste Element der Kennzahl aber bleibt ihr Informationscharakter, um auch komplizierte Tatbestände in konzentrierter Form quantifizieren zu können.

Die rechnerische Kennzahlenzerlegung wird erst dann fruchtbringend, wenn sie zu Kennzahlenbündeln führt, die betriebswirtschaftliche Informationen sinnvoll ordnen. Kennzahlenbündel haben die Aufgabe, die Spitzenkennzahl des Systems analytisch bezüglich der sie dimensionierenden Einflussgrößen zu erklären. Der qualifizierte Kennzahlenvergleich wird gesichert durch die Kennzahlennormung über logische und betriebswirtschaftlich sinnvolle Kennzahlenformen sowie durch die eindeutige Definition der Kennzahlenbestandteile. Zum Wesen eines Kennzahlensystems gehört daher die Beantwortung der Fragen nach Verhältnismäßigkeit (durch

Kennzahlenvergleich) und Ursächlichkeit (durch Kennzahlenzerlegung).

Die Krux für Wissen und Intellektuelles Kapital liegt darin, dass zwar oft Zielvorstellungen bestehen und vorgegeben werden, dazu aber keine entsprechende Zielevaluation implementiert wird. In diesem Fall würde man ohne Kompass oder geeignete Feedback-Instrumente losziehen und daher auch nicht wissen, wie viel des Weges bereits zurückgelegt wurde und wo genau man nun eigentlich steht. Die Wissensfaktoren werden deshalb mit Indikatoren belegt. D.h. sie werden mit unabhängigen Zahlen/Fakten beschrieben, um ihre Aussagekraft noch zu erhöhen. Anhand der Indikatoren können auch Externe nachvollziehen, nach welchen Kriterien die Kapitalarten bewertet wurden. Diese quantitative Überprüfbarkeit ist vor allem für Investoren/Banken wichtig. Mit Hilfe der Indikatoren bleibt die Bewertungsgrundlage über Jahre hinweg transparent und kann mit aktuellen Auswertungen verglichen werden. Ein Indikator ist eine absolute oder relative Kennzahl und wird immer gleich berechnet. Er kann auch mehreren Einflussfaktoren zugeordnet werden (wird dann nur jeweils individuell interpretiert, aber gleich berechnet). *Definition des Indikators:* aussagekräftiger Name, Berechnungsvorschrift, Datenquelle, Maßeinheit, Ist-Wert. *Interpretation des Indikators, Interpretationsrahmen*: poor, average, good, outstanding. *Wertebereich*: teils-teils, gut. Diese Informationen und Daten des Indikators könnte nach einem einheitlichen Standard-Schema erfasst werden:

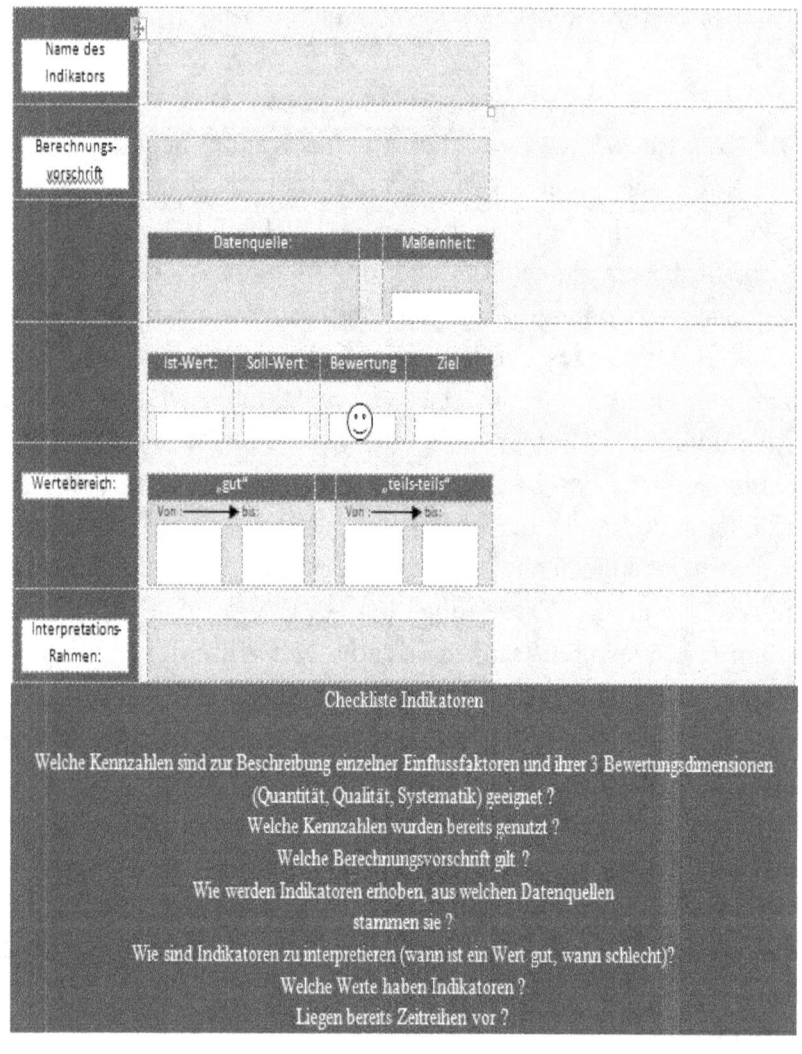

Jeder Eigenverleger muss für sich individuell diejenigen Indikatoren finden und bestimmen, die ihm für die Steuerung und Messung von wissensintensiven Geschäftsprozessen als am besten geeignet erscheinen. Dies hängt nicht zuletzt davon ab, welche Einflussfaktoren (d.h. Prozess-, Erfolgs-, Human, Struktur- und Beziehungsfaktoren) zuvor als Ausgangsbasis und Grundlage definiert wurden sowie welche Maßnahmenpotenziale hierauf aufbauend und sich beziehend ebenfalls zuvor identifiziert wurden.

**Zuordnung auf Einflussfaktoren und Maßnahmen: da die Planung kein von sonstigen Prozessen losgelöstes Kennzahlensystem sein sollte, kann sie ihren vollen Nutzen auch erst dann bringen, wenn sie mit den Kernprozessen des Eigenverlegers integriert wird**

Alle periodisch stattfindenden Planungen müssen auch direkt in die entsprechende Marktstrategie überarbeitet werden. In einem Schritt der „vertikalen Zielintegration" müssen die Ziele und strategischen Aktionen aus übergeordneten Einheiten weiter in Kurzfrist-Planung herunter gebrochen werden. Nachdem die aus der Strategie (Vision) abgeleiteten Maßnahm auf Einflussfaktoren zugeordnet wurden, werden nunmehr zusätzlich Indikatoren auf diese Maßnahmen und ebenfalls auf Einflussfaktoren zugeordnet.

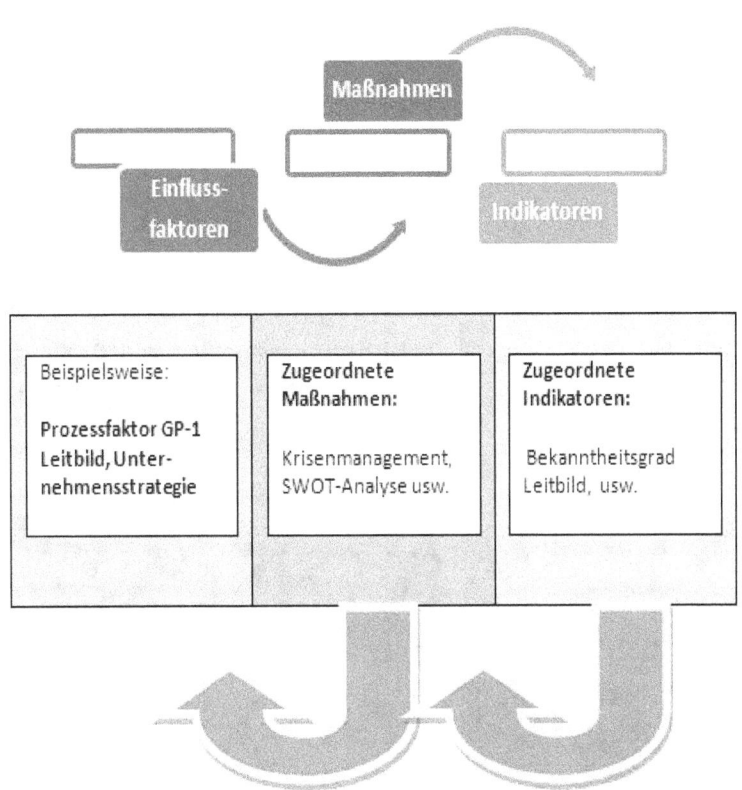

*Verändern müssen sich alle, doch nicht alle müssen alles verändern:* die einen treiben die rasante Entwicklung durch einen fortwährenden Strom an Innovationen, die anderen sind Getriebene und geraten unter Druck. Für Eigenverleger entsteht der höchste Veränderungsdruck bei Liquiditätsproblemen oder wenn die Überschuldung droht. Veränderungsnotwendigkeit kann aber auch schon dann bestehen, wenn die gegenwärtigen

Ergebnisse (noch) stimmen, jedoch die Erwartungen für die Zukunft deutlich eingetrübt sind. Auch wenn sich Leserwünsche ändern und ein Eigenverleger durch Wettbewerb bedroht wird. Zu den alltäglichen Bedrohungen zählt auch der Innovationswettbewerb, der innerhalb der bestehenden Produkt- und Dienstleistungskategorien (eigentlich ständig) stattfindet. Manche Eigenverleger müssen sich im Prinzip bereits schon deswegen verändern, um so zu bleiben (können), wie sie sind. Dagegen geht es in einer disruptiven Umwelt nicht mehr (nur) um das Rennen um bessere Bücher, Preise und Qualität. Vielmehr wird ein ganz neues Spiel gespielt.

| Einflussfaktor GP-1: Leitbild und Unternehmensstrategie | | | | |
|---|---|---|---|---|
| Indikator | Zeitreihen | | Entwicklungsziel: | |
| | 1.1.xx | 31.12.xx | Soll-Wert: | |
| Bekanntheitsgrad Leitbild intern (%) | 78 | 80 | 90 | ↗ |
| Bekanntheitsgrad Leitbild extern (%) | 30 | 30 | 60 | ↗ |
| Identifikationsgrad Leitbild intern (%) | 42 | 45 | 70 | ↗ |
| Akzeptanzgrad Leitbild extern (%) | 25 | 25 | 60 | ↗ |
| Wirkungsgrad Leitbild intern (%) | 45 | 50 | 70 | ↗ |
| Wirkungsgrad Leitbild extern (%) | 50 | 50 | 60 | ↗ |
| Liquiditätsreserve (in Tagen) | 30 | 28 | 45 | ↗ |
| Langfristiger Verschuldungsgrad (%) | 32 | 30 | 20 | ↘ |
| Eigenkapitalrendite (%) | 20 | 20 | 20 | → |
| Gesamtkapitalumschlag (Anzahl) | 5 | 5,5 | 5,5 | → |

So dringend die Veränderungsnotwendigkeit (oder der Wunsch nach Veränderung) auch sein mag: Veränderungsprojekte dürfen nicht ohne klare Richtung aufgesetzt werden. In jedem Fall sollte man immer die (noch) guten Zeiten nutzen (auch wenn der Rückenwind des Leidensdrucks noch nicht merkbar eingesetzt hat). In der Regel bewegen sich die Veränderungsbemühungen zwischen zwei Extremen (Welten): entweder Autoren erstarren in Trägheit und verpassen es, Veränderungen rechtzeitig auf den Weg zu bringen. Oder: sie begeben sich in (manchmal gefährlichen) Aktionismus. Manchmal sind Eigenverleger zu sehr in ihrem Blick auf bestehende Geschäfte, Technologien oder Einzelkunden gefangen. Das „Gefangensein" in der eigenen Erfahrung bewirkt dann manchmal einen Mangel an kreativen (disruptiven) Ideen. „Die Angst vor Kannibalisierung, die bestehenden Honorar-Systeme, der Widerstand der existierenden Organisation an sich, all dies hat extrem gute Karten, Veränderung zu verhindern.

Oft sind auch zahlreiche Baustellen gerade aufgerissen worden, wenn das Spiel schon wieder von vorne beginnt, das Veränderungskarussell sich zu drehen beginnt (oder immer weiter dreht). Mögliche Gefahren: zu viele Strategieinitiativen gleichzeitig, ein Initiativenchaos ohne Überblick, mangelnde Koordination, Burnout. D.h., eine Rolle spielt auch das Veränderungsklima. Es geht um eine Kultur der Kreativität und eine Atmosphäre ohne Angst und Druck. Ein Eigenverlag darf sich nicht zu einer gestressten Organisation entwickeln und muss immer über ausreichende Managementkapazität als kritische Ressource verfügen.

| Einflussfaktor GP-2: Innovationsmanagement, Management of Change ||||
|---|---|---|---|
| Indikator | Zeitreihen || Entwicklungsziel: |
| | 1.1.xx | 31.12.xx | Soll-Wert: |
| Innovationsstärke (%) | 14 | 15 | 25 ↗ |
| Time-to-Market (Anzahl Monate) | 15 | 12 | 6 ↘ |
| Life-cycle-Berechnungen (%) | 5 | 8 | 21 ↗ |
| Innovationsintensität (Verhältnis-Ziffer) | 2,2 | 2,2 | 2,2 → |
| F+E-Intensität (%) | 1,8 | 2 | 2 → |
| Innovationsrate (Relation) | 1,1 | 1,2 | 1,4 ↗ |
| Umsatzanteil für Innovationsaufwendungen (%) | 6 | 6,6 | 9 ↗ |
| Kontinuität der Entwicklung (Bewert.-Ziffer) | 1 | 1 | 1 → |
| Teilnahme an Innovations-Kooperationen (Bewert.-Ziffer) | 1 | 1 | 1 → |

## Entscheidungen, die sich im Kopf abspielen sind wie eine Mathematik ohne Zahlen

Entscheidungskriterium ist allgemein betrachtet der Erwartungswert, d.h. der Mittelwert aus allen möglichen Ergebnissen. In Anlehnung an ein betriebswirtschaftliches Prozessmanagement sollte sich ein Eigenverleger beispielsweise Fragen wie diese stellen: welche zentralen wertschöpfenden Prozesse beeinflussen den Geschäftserfolg? Welches sind die zentralen Produkte/-gruppen oder Dienstleistungen, mit denen das Geld verdient wird? Welche Hauptprozesse sind notwendig, um die Produkte/Leistungen zu erstellen, zu vermarkten? Welches sind die wichtigsten Prozess-Kennzahlen? Welche Prozesse verursachen die größten Schwierigkeiten? Welche Prozesse führen zu Engpässen? Welche Prozesse verursachen Reklamationen? Welche Prozesse wirken sich am stärksten auf die Leserzufriedenheit aus? Welche Prozesse haben das größte Einsparpotential? Welche Prozesse bieten die größte Chance, erfolgreich geändert zu werden? Welche Prozesse sind repräsentativ für weitere Prozesse? Welche Prozesse ermöglichen das größte Verbesserungspotential bei weiteren Prozessen? Wer ist der interne oder externe Kunde des Prozesses? Welche Parameter sind für den Kunden des Prozesses am wichtigsten (Preis, Qualität)? Welches Ergebnis liefert der Prozess? Was am Prozess funktioniert gut, was eher schlecht? Wie lange dauert der Prozess (oder einige Prozessschritte)? Welche Kosten verursacht der Prozess?

Beispiel: Alternative I bringt mit 80 Prozent Wahrscheinlichkeit einen Gewinn von 10, und Alternative II mit 20 Prozent Wahrscheinlichkeit einen Verlust von 40. Diese Entscheidungssituation hat demnach einen Erwartungswert von 0. Mit einem höheren möglichen Gewinn oder einer größeren Gewinnwahrscheinlichkeit würde das Ergebnis sofort günstiger. Was aber, wenn sich Alternativen nicht richtig vergleichen lassen oder unter dem Strich das Gleiche herauskommt? Wenn beispielsweise Alternative III mit einer Wahrscheinlichkeit von 80 Prozent einen Gewinn von 100 und zu 20 Prozent einen Verlust von 200 erwarten ließe? Alternative IV mit einer Wahrscheinlichkeit von 50 Prozent einen Gewinn von 180 und zu 50 Prozent einen Verlust von 100 erwarten ließe? In beiden Fällen der Erwartungswert also 40 beträgt? Die Schwankungen der Alternative IV sind im Vergleich zu Alternative III zwar niedriger aber dafür umso wahrscheinlicher.

| Einflussfaktor GP-4: Marketingcontrolling ||||
|---|---|---|---|
| Indikator | Zeitreihen || Entwicklungsziel: |
| | 1.1.xx | 31.12.xx | Soll-Wert: |
| Marktanteil/-ausschöpfungs-Indikator (Ziffer) | 1,1 | 1,1 | 1,3 ↗ |
| Penetrationsindex (Anzahl) | 133 | 140 | 250 ↗ |
| Time-to-Market (Anzahl Monate) | 12 | 12 | 6 ↘ |
| Marktanteil (Punktwert) | 2 | 2 | 2 → |
| Aktionsindex (%) | 10 | 10 | 10 → |
| Einflussfaktor GE-1: Image und Bekanntheitsgrad ||||
| Indikator | Zeitreihen || Entwicklungsziel: |
| | 1.1.xx | 31.12.xx | Soll-Wert: |
| Grad der Etabliertheit (Punktwert) | 2 | 3 | 8 ↗ |
| Break-Even-Point Direktwerbung (%) | 4 | 3 | 3 ↘ |
| Anteil Referenzkunden (%) | 4 | 6 | 20 ↗ |
| Informationsveranstaltungen (Anzahl) | 1 | 1 | 8 ↗ |
| Anteil Nachfolgeaufträge (%) | 10 | 35 | 55 ↗ |
| Seminare, Präsentationen (Anzahl) | 4 | 4 | 8 ↗ |
| Fachpublikationen (Anzahl) | 0 | 0 | 15 ↗ |
| Bekanntheitsgrad (Bewert.-Ziffer) | 1 | 1 | 4 ↗ |
| Imagegrad (Bewert.-Ziffer) | 3 | 4 | 4 → |

Im Falle von Aktienkursen gehen Ökonomen davon aus, dass eine geringere Schwankungsbreite der Kurse (eine kleinere Volatilität) das geringere Risiko bedeutet. Mathematisch wird dies als Quadratwurzel der sogenannten Varianz (die wiederum misst, wie sehr die Ergebnisse streuen) gemessen. Nimmt man beispielsweise einmal annimmt, dass auch die Volatilität zweier

Aktionen gleich sei. Wenn also beispielsweise Aktie V mit einer Wahrscheinlichkeit von 50 Prozent einen Gewinn von 160 Euro und Aktie VI mit 50 Prozent Wahrscheinlichkeit einen Verlust von 80 Euro bringen würde, wären Erwartungswert und Volatilität für beide Alternativen gleich. Für welche sollte man sich also entscheiden?

Was die Alternativen voneinander unterscheidet, ist die ungleichen Verteilung von Chance und Risiko, die sogenannte „Schiefe". „Positive Schiefe besteht, wenn es eine geringe Wahrscheinlichkeit für einen sehr großen Gewinn und eine hohe Wahrscheinlichkeit für einen kleinen Verlust gibt. Bei negativer Schiefe ist es eher unwahrscheinlich, etwas zu verlieren, dafür aber wäre der Verlust sehr groß". Der positive Schiefe würde ein Spiel im Lotto, der negativen Schiefe der Abschluss einer Versicherung gegen Hochwasserschäden im Gebirge entsprechen.

| Einflussfaktor BK-1: Kunden-, Lieferantenbeziehungen | | | | |
|---|---|---|---|---|
| Indikator | Zeitreihen | | Entwicklungsziel: | |
| | 1.1.xx | 31.12.xx | Soll-Wert: | |
| Aktivquote (%) | 30 | 35 | 50 | ↗ |
| Umsatzanteil Dienstleistungen (%) | 35 | 35 | 40 | ↗ |
| Einflussfaktor BK-2: Unternehmenskommunikation | | | | |
| Indikator | Zeitreihen | | Entwicklungsziel: | |
| | 1.1.xx | 31.12.xx | Soll-Wert: | |
| Pressekonferenzen pro Jahr (Anzahl) | 0 | 0 | 2 | ↗ |
| Messeteilnahmen pro Jahr (Anzahl) | 1 | 1 | 1 | → |
| Presse-Mitteilungen pro Jahr (Anzahl) | 2 | 2 | 5 | ↗ |
| Einflussfaktor BK-3: Kompetenznetzwerke | | | | |
| Indikator | Zeitreihen | | Entwicklungsziel: | |
| | 1.1.xx | 31.12.xx | Soll-Wert: | |
| Expertenwissen für Wissens-Lücken (%) | 75 | 75 | 95 | ↗ |
| Kontakte zu externen Wissensträgern (Anzahl) | 3 | 4 | 10 | ↗ |
| Absorptions-, Integrations-Fähigkeit (%) | 100 | 100 | 100 | → |
| Teilnahme an Innovations-Kooperationen (Bewert.-Ziffer) | 2 | 2 | 2 | → |

Die o.a. Bewertungsziffern, normalerweise von 1 = poor bis 4 = outstanding repräsentieren keinen exakten Messwert, sondern drücken eine qualitative Stufung aus. Die symbolischen Pfeile der Entwicklungsziele bilden keine Richtung für absolute Indikator- oder Messwerte ab, sondern geben Hinweise auf positive, gleichbleibende oder negative Entwicklungsrichtungen. Indikatoren liefern Hinweise, mit welchen Kennzahlen die angestrebten Veränderungen am besten gemessen und überwacht werden können, welche Soll-Werte anzunehmen sind, um die vorgegebenen Ziele zu erreichen. Alle identifizierten Maßnahmen sollten auf ihre Potenziale hin überprüft (Wirkungsprognose), möglichst genau terminiert (Start-Zeitpunkt, Dauer), möglichst genau budgetiert (Ressourcen), eindeutig auf Verantwortlichkeiten zugeordnet werden. Die Arbeitshilfen der Wissensbilanz tragen dazu bei, die besten Maßnahmen zu planen, auf die richtigen Faktoren auszurichten und den Maßnahmenerfolg in nachfolgenden Bilanzierungszyklen immer wieder zu überprüfen und mittels Indikatoren zu messen. Nachfolgend einige kurze Masken-Beispiele, d.h. wie das Ganze an einem Computermodell aussehen könnte:

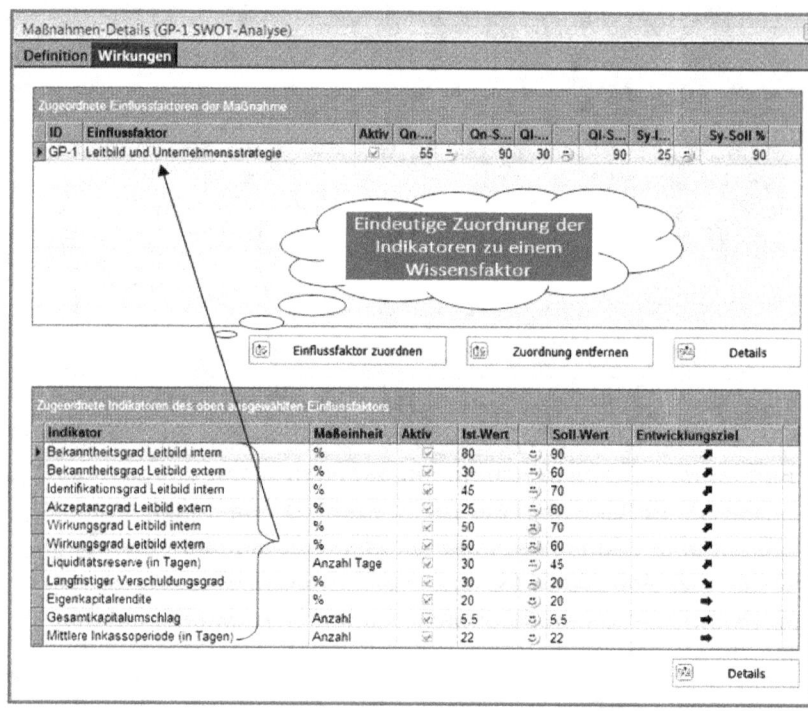

## Eine Volkswirtschaft und ihre digitalen Geschäftsmodelle

Geschäftsmodelle aus der digitalen Welt lassen sich an vielen Stellen einer Volkswirtschaft verorten: „Volkswirtschaften mit einem höheren Anteil digitaler Geschäftsmodelle und Infrastruktur erzielen einen Einkommensvorteil.....durch digitale Technologie werden traditionell regional begrenzte Zusammenhänge geöffnet und vernetzt, Geschäft mit nahezu unbegrenzten Mengengerüsten möglich, und der Aktionsradius für wirtschaftliche Akteure wird erweitert". Die Digitalisierung ist der herausragende Einflussfaktor für fast alle wirtschaftlichen und sozialen Beziehungen, betroffen sind unterschiedliche Muster der Arbeitsteilung: im Beziehungsgeflecht zwischen Verlagen und Autoren. „Durch die Verbindung der klassischen mechanisch-elektronischen Produktionsstrukturen mit Software und Informationstechnik (cyber-physische Systeme) sowie die Nutzung von Private-Cloud-Diensten wird die Wertschöpfungskette um eine Informationskette in Echtzeit ergänzt".

Die Neuerfindungen digitaler Geschäftsmodelle sind weder an Ort noch an eine bestimmte Kultur gebunden. Mit der Digitalisierung lassen sich auch alte Ideen ökonomisch neuartig nutzen. Aus lokalen Phänomenen (Mitfahrzentrale) wurden globale Märkte der Sharing Economy geschaffen. Riesige Datenmengen zu generieren, verschafft Vorteile: der exklusive Besitz solcher Daten ermöglicht (zumindest temporär) eine starke Marktposition. Die globale Vernetzung in Echtzeit ist nicht zuletzt ein gewaltiges Beschleunigungsprogramm (bei dem allerdings die unterschiedlichen Zeitmuster und Geschwindigkeiten erst in einem ganzheitlichen Wirkungszusammenhang transformiert werden müssen).

Wirkungsnetze: es geht darum, Interdependenzen zwischen Wissensfaktoren zu erkennen, zu untersuchen und zu dokumentieren. Im Kontext mit (möglichst vollständig) identifizierten Einflussfaktoren vorliegt, geht es um Fragen wie beispielsweise: Zwischen welchen Einflussfaktoren kommt es zu Wirkungsbeziehungen? Wie stark sind jeweils solche Wirkungsbeziehungen? Wie lange dauert es, bis die von einem Einflussfaktor ausgehenden Wirkungen, bei dem jeweils anderen Einflussfaktor zu wirken beginnen? *zu Frage 1.:* Werden zwischen zwei Einflussfaktoren Wirkungsbeziehungen festgestellt, so können diese graphisch mittels Pfeilen angezeigt werden. Dabei zeigt der eingezeichnete Pfeil von dem die Wirkung ausübenden Faktor mit seiner Spitze in Richtung auf denjenigen Faktor, auf den diese Beziehung einwirkt. *zu Frage 2.:* wurden zwischen Faktoren Beziehungen festgestellt und mit Hilfe entsprechender Wirkungspfeile angezeigt, so stellt sich die Frage nach der Stärke der jeweiligen Wirkungsbeziehung. Im Rahmen der Arbeitshilfen könnten folgende Stärke-Niveaus unterschieden werden: -3 = eher stark negative Wirkung, -2 = negative Wirkung, -1 = eher schwach negative Wirkung, 0 = keine Wirkung, +1= eher schwach positive Wirkung, +2= positive Wirkung, +3= eher stark positive Wirkung. In den graphischen Wirkungsnetzen wird die Wirkungsstärke mit Hilfe der Pfeil-Dicke angezeigt: dünner Pfeil = schwache Wirkung (positiv oder negativ), dicker Pfeil = starke Wirkung (positiv oder negativ). *zu Frage* 3.: es soll zusätzlich erfasst werden, wie lange es dauert, bis die von einem Faktor ausgehende Beziehung bei dem hiervon betroffenen Gegenpart bemerkbar wird und sich die entsprechende Wirkung (schwach, mittel oder stark) zeigt. Standard-Schema für die Verknüpfung von Einflussfaktoren:

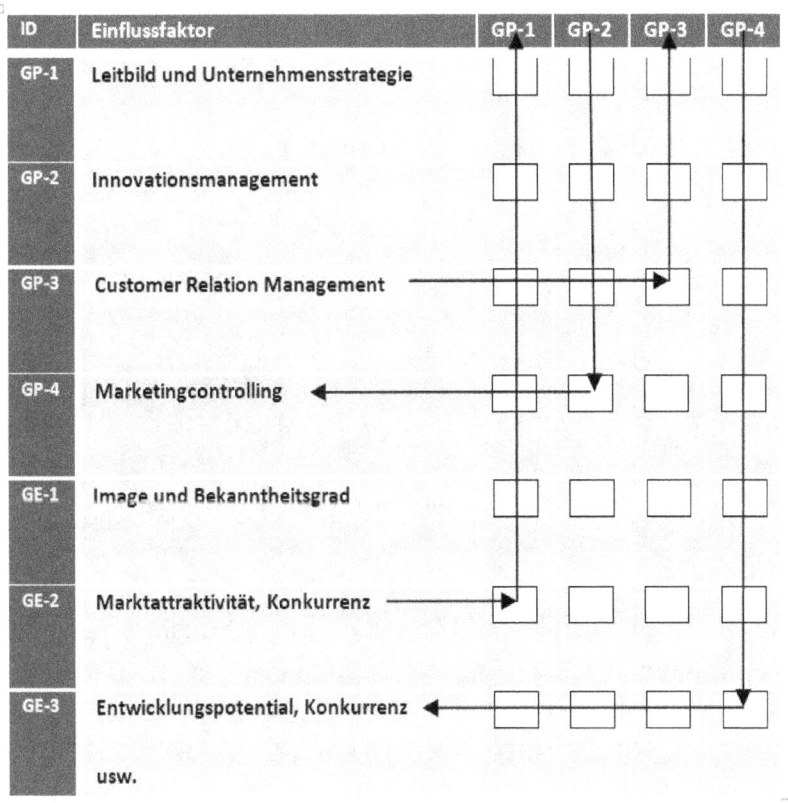

In der Darstellungsform eines graphischen Wirkungsnetzes könnte dieses fiktive Beispiel wie folgt aussehen:

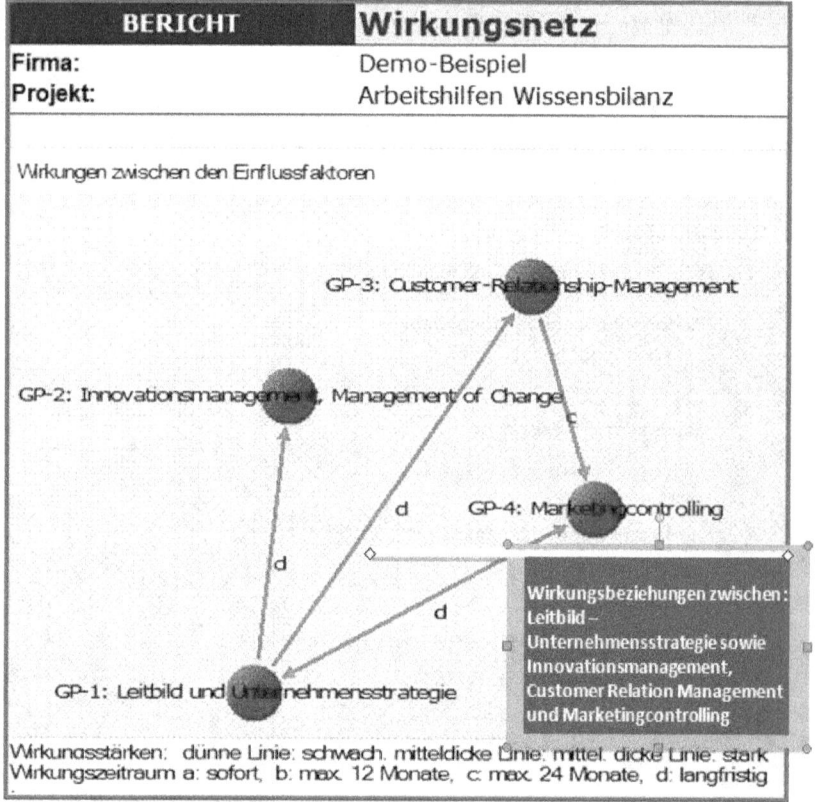

Die Wahrscheinlichkeitsabhängigkeit einer Situation bedeutet, dass Zusammenhänge und Verknüpfungen nur an der Oberfläche erkennbar sind und ihre Ursachen und Auswirkungen nach statistischen Gesetzmäßigkeiten zu erwarten sind. D.h. Entscheidungen sind in dieser Situation mit einem bestimmten

Risiko (Wirkungsunsicherheit) behaftet. Nachhaltiger Erfolg kann sich für einen Eigenverleger vor allem dann einstellen, wenn er sich den Problemen der Komplexität, Dynamik und Vernetzung einer Entscheidungssituation stellt. Der richtige Umgang mit der Unbestimmtheit und Komplexität bestimmter Entscheidungssituation betrifft Eigenverleger ebenso wie Standorte oder Regionen. Letztlich ist jedermann bis auf die Ebene seiner individuellen und persönlichen Lebensgestaltung betroffen: niemand kann sich spätwirkenden Folgen daraus auf Dauer entziehen. Es gilt, für solche Herausforderungen so etwas wie ein strategisches Gespür zu entwickeln. Alle unterliegen einem gewissen Druck zur Öffnung bisher als festgefügt und stabil erlebter Strukturen. Was insbesondere auch für die Halbwertzeit von beruflich relevantem Wissen gilt. Gefordert sind soziale Flexibilität und die Bereitschaft zum ständigen Lernen. Ohne mit der begleitenden Zunahme an Freiheitsgraden der Unstetigkeit zu verfallen. Als weiteres Demo-Beispiel soll analysiert und dargestellt werden, mit welcher Stärke und Dauer der Prozessfaktor „Leitbild und Unternehmensstrategie" auf die anderen Erfolgsfaktoren, nämlich „Image und Bekanntheitsgrad", „Marktattraktivität - Marktposition", „Entwicklungspotential – Umfeldbeobachtung" und „Leistungsqualität" wirkt:

| Prozessfaktor GP-1 Leitbild - Unternehmensstrategie wirkt auf: | Stärke | Dauer |
|---|---|---|
| **GE-1** Image und Bekanntheitsgrad | 3 | d |
| Kommentar: Image ist in wirtschaftlicher Hinsicht vor allem dann von Interesse, wenn Transaktionen der Gegenwart und Verbindlichkeiten der Zukunft von Faktoren beeinflusst werden, die über eine rein monetäre Dimension hinausreichen: da vom Image wichtige Informationssignale an den Markt gehen, ist das Image immer auch eng mit dem Kern der Geschäftstätigkeit verknüpft. | | |
| **GE-2** Marktattraktivität - Marktposition | 3 | d |
| Kommentar: Typen von Wettbewerbsstrategien sind beispielsweise: Umfassende Kostenführerschaft (niedrige Preise, günstige Kostenposition, Erfahrungskurve, „on size fits all", schnelles Wachstum), Differenzierung (hohe Preise, Produktinnovation, „value added", nur ein Produkt für jeden, „Nobody does it better"), Konzentration auf Schwerpunkte (spezifische Kunden, spezifisches Marktsegment). | | |
| **GE-3** Entwicklungspotential - Umfeldbeobachtung | 3 | d |
| Kommentar: Durch Entdeckung von bereits bestehenden, besseren Lösungswegen soll das Aufbrechen ineffizienter, verkrusteter Strukturen unterstützt werden. Benchmarking-Werte und Best-Practice-Vorgehensweisen liefern wichtige Restrukturierungs-Impulse. | | |
| **GE-4** Leistungsqualität | 2 | c |
| Kommentar: Die Qualitätsplanung beinhaltet die Festlegung von Qualitätszielen und -merkmalen. Qualitätslenkung: Prozessüberwachung und Beseitigung von Qualitätsmängeln. Qualitätssicherung: Schaffung von Vertrauen, dass die Leistungen den Qualitätsanforderungen entsprechen. | | |

In der Darstellungsform eines graphischen Wirkungsnetzes könnte dieses fiktive Beispiel wie folgt aussehen:

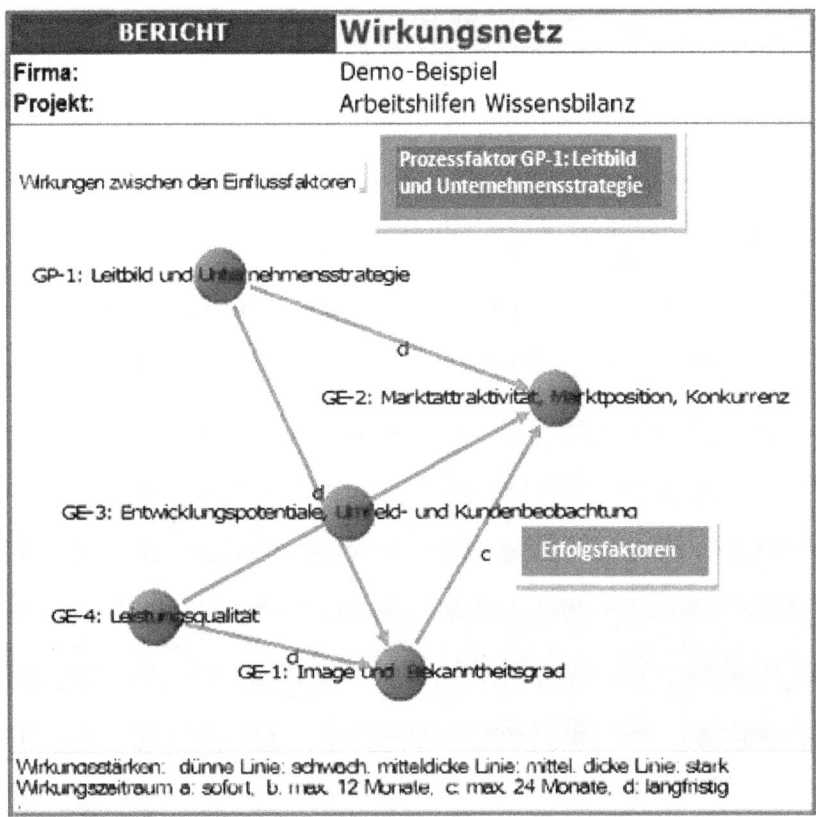

## Potentialanalyse rückt Verbesserungsmöglichkeiten ins Blickfeld

Ein Potential-Portfolio stellt das Entwicklungspotenzial der einzelnen Einflussfaktoren als Portfolio in 4 Quadranten dar. Dabei bildet die x-Achse den Mittelwert der QQS-Bewertung ab: sie gibt das durchschnittliche Verbesserungspotenzial eines Einflussfaktors wieder. Je weiter links ein Einflussfaktor steht, desto schlechter seine Bewertung und desto größer sein Verbesserungspotenzial. Auf der y-Achse ist das Einflussgewicht des Einflussfaktors, also die Wirkungsstärke auf das Gesamtsystem, dargestellt. Je weiter oben ein Einflussfaktor steht, desto größer ist seine Wirkung im System des Intellektuellen Kapitals und dem Geschäftsmodell.

*Interpretation*: Beim Potenzial-Portfolio muss auf die Lage der Bubbles geachtet werden, d.h.: liegt der Bubble im 2. Quadranten (oben links), dann besteht ein grosses Entwicklungspotenzial bzw. konkreter Handlungsbedarf. Der Einflussfaktor sollte unbedingt entwickelt werden da er vergleichsweise schlecht ausgeprägt ist. Dabei ist die Wirkung des Einflussfaktors auf andere Faktoren sehr hoch (= hohe Hebelwirkung). Liegt der Bubble in dem 1. oder 3. Quadranten (oben rechts oder unten links), dann besteht nur bedingtes Entwicklungspotenzial. Liegt der Bubble im Quadranten "Stabilisieren", dann sollte in Zukunft darauf geachtet werden, dass der Faktor auf diesem Niveau bleibt. Denn: dieser Faktor weist ein gute Bewertung auf und hat eine hohe Hebelwirkung.

Liegt der Bubble in dem 4. Quadranten (unten rechts), dann besteht kein Entwicklungspotenzial. Der Faktor ist bereits gut ausgeprägt und eine Maßnahme zur Verbesserung hätte kaum Auswirkungen auf das Gesamtsystem.

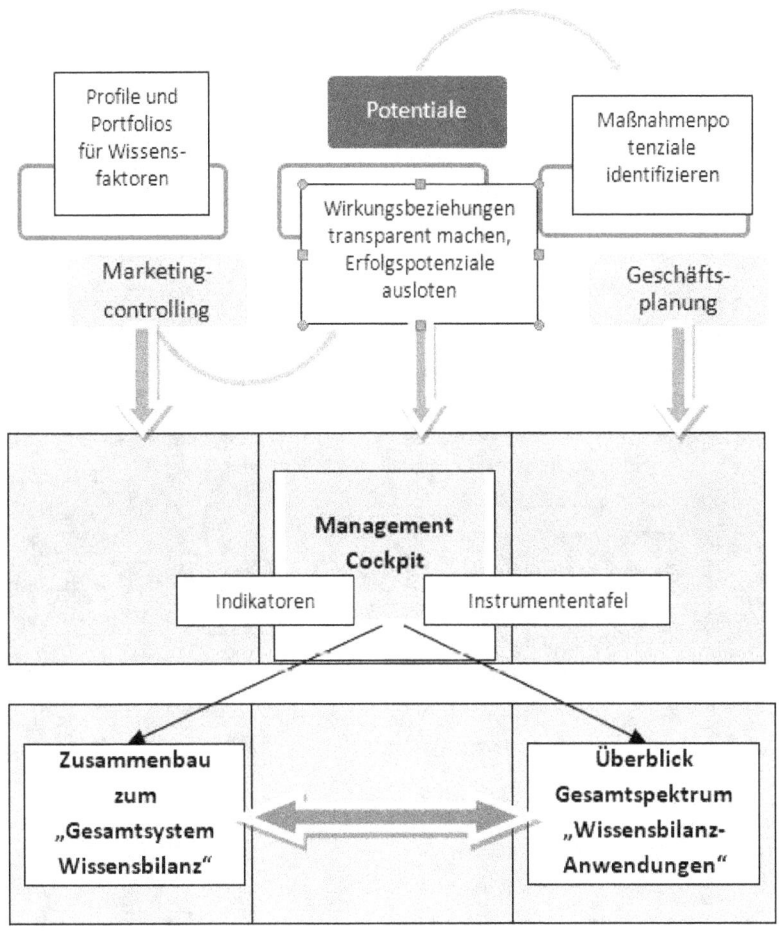

Auswertung-Zusammenfassung und Vorbereitung nach individuellen Bilanzmodulen: 1. Potenzial-Portfolio betrachten, 2. Zustand überprüfen: sind die relevanten Einflussfaktoren zur Entwicklung des Intellektuellen Kapitals identifiziert? ist deutlich, welche Faktoren die größte Hebelwirkung besitzen und den Eigenverleger am stärksten beeinflussen? 3. Wirkungsnetze betrachten, 4. Generatoren identifizieren, 5. Zeitverzögerungen beachten.

| ID | Einflussfaktor | Quantität % | Qualität % | Systematik % |
|---|---|---|---|---|
| GP-1 | Leitbild und Unternehmensstrategie | 55 | 30 | 25 |
| GP-2 | Innovationsmanagement, Changemanagmt. | 60 | 65 | 85 |
| GP-3 | Customer Relation Management | 60 | 40 | 70 |
| GP-4 | Marketingcontrolling | 90 | 80 | 80 |
| GE-1 | Image und Bekanntheitsgrad | 75 | 50 | 65 |
| GE-2 | Marktattraktivität, Konkurrenz | 90 | 80 | 80 |
| GE-3 | Entwicklungspotential, Umfeldbeobachtung | 75 | 55 | 25 |
| GE-4 | Leistungsqualität | 85 | 80 | 45 |
| HK-1 | Unternehmerische Kompetenz | 95 | 90 | 85 |
| HK-2 | Ausbildung, Fachqualifikation | 55 | 35 | 15 |
| HK-3 | Mitarbeiterzufriedenheit, -motivation | 65 | 70 | 45 |
| HK-4 | Wissensmanagement, -bilanzierung | 15 | 10 | 5 |
| SK-1 | Informationssysteme, Anwendungen | 95 | 80 | 85 |
| SK-2 | Planungs- und Controlling-Tools | 65 | 95 | 90 |
| SK-3 | Frühwarn-, Risikokontrollsystem | 15 | 35 | 25 |
| SK-4 | Standortfaktoren | 75 | 65 | 50 |
| BK-1 | Kunden-, Lieferantenbeziehungen | 90 | 70 | 25 |
| BK-2 | Unternehmenskommunikation | 35 | 25 | 40 |
| BK-3 | Kompetenznetzwerke | 5 | 10 | 5 |
| BK-4 | Logistikleistungen | 85 | 90 | 90 |

In der Interpretation werden die Analyseergebnisse zusammengefasst und die Einflussfaktoren mit dem größten Verbesserungspotenzial und dem größten Einfluss im Geschäftsmodell identifiziert. Der Eigenverleger erhält Hinweise, wo er intervenieren sollte, um die größtmögliche Wirkung auf den Geschäftserfolg zu erzielen. *Externe Vision*: für externe Zielgruppen kann eine kleinere Version sinnvoll sein. Vor allem die Visualisierungen mit den Interpretationstexten eignen sich gut, um die Bewertungen zusammen zu fassen und nur die wesentlichen Punkte hervorzuheben. Die Glaubwürdigkeit lässt sich weiter steigern, indem auch Defizite offen gelegt werden. Jedoch sollte man sich auf Schwächen konzentrieren, an denen man auch tatsächlich arbeitet und in den Folgeperioden mit großer Wahrscheinlichkeit Erfolge melden kann. Sollen Kapitalgeber angesprochen werden, kann eine Auswahl der Indikatoren helfen, ein glaubwürdiges Zahlenwerk vorzulegen. Intern sollte auf Nachvollziehbarkeit geachtet werden und dann der Schwerpunkt auf diejenigen Indikatoren gelegt werden, die man entwickeln will. Die Wissensbilanz gibt Antwort auf folgende Fragen: wer bin ich? Welche zentralen Leistungen erbringe ich? Womit verdiene ich mein Geld? Was habe ich an besonderen immateriellen Ressourcen vorzuweisen? Was sind meine Alleinstellungsmerkmale, die sich aus meinem spezifischen Wissen ergeben? In welche Netzwerke bin ich eingebunden? Wo liegen meine besonderen Stärken? Welche Strategie verfolge ich und was mache ich, um sie umzusetzen? Welche Defizite habe ich erkannt und welche Verbesserungen setze ich in diesen Bereichen um?

Die Potentiale der jeweiligen Wissensfaktoren können in einem 4-Felder-Portfolio angezeigt werden. Dabei wird auf der horizontalen Achse des Portfolios die Bewertung des jeweiligen Einflussfaktors angezeigt. Dieser Wert wird als Durchschnitt aus den drei Dimensionen „Quantität", „Qualität" und „Systematik" ermittelt. Auf der zweiten vertikalen Achse des Tableaus wird das Einflussgewicht des Faktors aufgetragen:

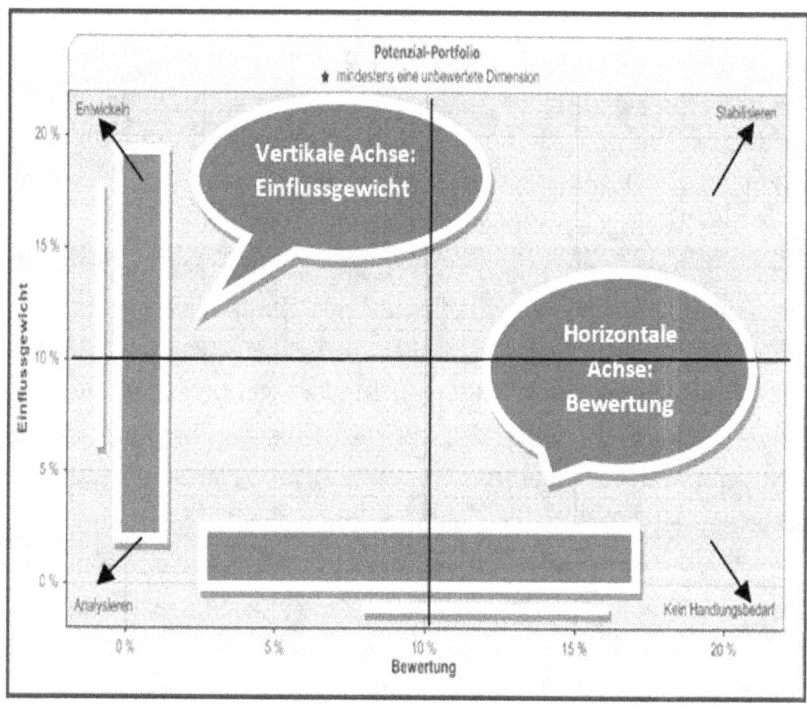

Wenn die Potential-Portfolios in dieser Form, d.h. nach Einflussgewicht und Durchschnitts-Bewertung aufgebaut werden, ermöglicht dies eine Zuordnung und Abgrenzung der Einflussfaktoren nach vier verschiedenen Handlungsfeldern: oben rechts 1. Quadrant = Stabilisieren (der Faktor hat ein relativ hohes Einflussgewicht und wurde relativ hoch bewertet). Oben links 2. Quadrant = Entwickeln (der Faktor hat ein relativ hohes Einflussgewicht, wurde aber relativ gering bewertet). Unten links 3. Quadrant = Analysieren (der Faktor hat ein relativ niedriges Einflussgewicht und wurde auch nur relativ gering bewertet). Unten rechts 4. Quadrant = Kein Handlungsbedarf (der Faktor hat ein relativ niedriges Einflussgewicht, wurde aber relativ hoch bewertet).

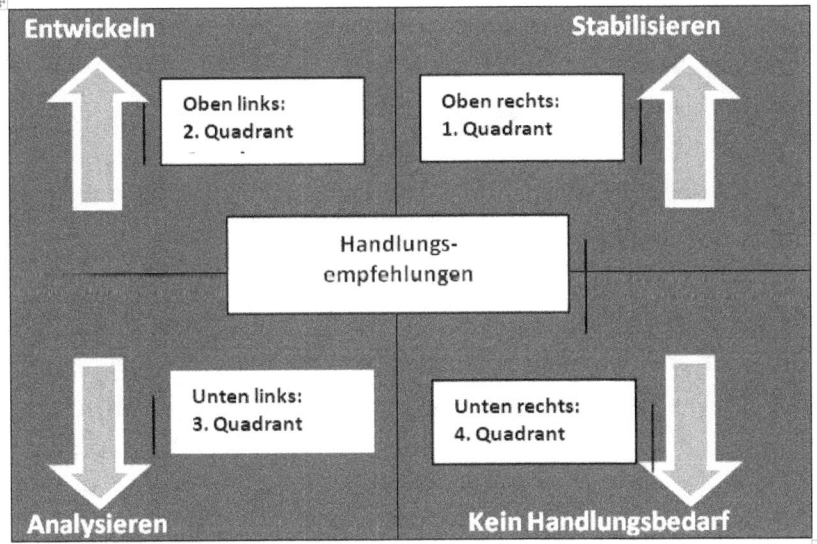

## Eigenverleger mit einer Wette auf die Zukunft – neue Generation von Autoren geht andere Wege - es braucht eine kreative Kultur, die Ideen-Tötung verhindert

Die Digitalisierung erzwingt einen Wandel, das Internet wirbelt ganze Geschäftsmodelle durcheinander und verhilft neuen Pionieren zum Durchbruch. Eine neue Generation von Gründern geht andere Wege als ihre Vorgänger aus der Ära der Maschinenbauer, Ingenieure oder Ladenbesitzer. Früher stand am Anfang von Unternehmen meist eine Erfindung, ein mühsam entwickeltes Produkt. In der Old Economy vergrub sich ein werdender Unternehmer mit einem Traum oder einer Idee in einer Werkstatt oder in einem Labor, bis er nach langen Zeiten des Experimentierens dann endlich mit einem Produkt an die Öffentlichkeit trat. Um daraus ein Geschäft zu entwickeln begann dann die Suche nach einem Geldgeber.

Heute dagegen starten manche Eigenverleger quasi in Serie einen Online-Marktplatz nach dem anderen. Scheitert ein Projekt, wird schon das nächste hervorgezaubert, der Vorrat an Ideen scheint groß. Während vor der Digitalwirtschaft der Gang ins Ausland ein großes, manchmal kaum noch kalkulierbares Risiko war, ist eine Auslandsniederlassung heute im Internet im Handumdrehen eröffnet (ein Klick schaltet die Plattform heute frei und kann sie morgen bereits wieder schließen). Tempo ist alles, langsam gibt es im Internet nicht. Manche Ideen gehen auf, andere eben nicht. Eigenverlage solcher Art sind also immer auch Wetten auf die Zukunft. Das anfangs benötigte Kapital wird meistens aus eigenen Mitteln aufgebracht (oder von Bekannten/Freunden, die geradezu gierig nach neuen Ideen sind, um sich aus diesem Strauß wie Perlentaucher das nach ihrer Meinung beste Geschäftsmodell heraussuchen zu können. Da eine dynamische Volkswirtschaft weiß, was sie an ihren Gründern hat, stehen begleitend auch Förderprogramme zur Verfügung.

| ID | Einflussfaktor | 1. | ..... | n. | Einflussgewicht |
|---|---|---|---|---|---|
| GP-1 | Leitbild und Unternehmensstrategie | | | | 7,3 % |
| GP-2 | Innovationsmanagement | | | | 5,2 % |
| GP-3 | Customer Relation Management | | | | 4,8% |
| GP-4 | Marketingcontrolling | | | | 3,9% |
| GE-1 | Image und Bekanntheitsgrad | | | | 3,7% |
| GE-2 | Marktattraktivität, Konkurrenz | | | | 4,9% |
| GE-3 | Entwicklungspotential, Konkurrenz | | | | 4,3% |
| GE-4 | Leistungsqualität | | | | 7,1% |
| HK-1 | Unternehmerische Kompetenz | | | | 8,6% |
| HK-2 | Ausbildung, Fachqualifikation | | | | 5,4% |
| HK-3 | Mitarbeiterzufriedenheit, -motivation | | | | 4,3% |
| HK-4 | Wissensmanagement, -bilanzierung | | | | 7,5% |
| SK-1 | Informationssysteme, Anwendungen | | | | 4,3% |
| SK-2 | Planungs und Controlling-Tools | | | | 3,7% |
| SK-3 | Frühwarn-, Risikokontrollsystem | | | | 4,1% |
| SK-4 | Standortfaktoren | | | | 5,8% |
| BK-1 | Kunden-, Lieferantenbeziehungen | | | | 4,7% |
| BK-2 | Unternehmenskommunikation | | | | 3,4% |
| BK-3 | Kompetenznetzwerke | | | | 3,9% |
| BK-4 | Logistikleistungen | | | | 3,5% |

Das ermittelte Einflussgewicht ist eine strategische Steuerungsgröße, da mit dem gleichen Einsatz von Budgetmitteln gegebenenfalls ein größerer oder geringerer Effekt erreicht wird (je nach Einflussgewicht).

Ist ein Eigenverlag größer als ein Einpersonen-Unternehmen braucht er eine auf Kreativität ausgerichtete Unternehmenskultur. Ideen müssen nicht nur geboren, sie müssen auch mit ebenso großem Einsatz (und Begeisterung) zielführend umgesetzt werden. Solange ein Eigenverlag nicht in der Lage ist, sich um Ideen zu kümmern, wird er auch nicht in der Lage sein, sie erfolgreich zu machen. Ideen mögen gut oder sogar großartig sein. Trotzdem müssen sie manches gefährliche Gewässer durchkreuzen: die meisten Ideen werden von Gleichgültigkeit und durch fehlende Aufmerksamkeit bei der Anreicherung und Umsetzung gekillt. Solange neue Ideen nicht als Chance gesehen werden, wird man sie auch nicht tragfähig machen können. Eine Idee zu töten ist einfach. Eine Idee kann durch ein Schulterzucken sterben, durch ein Gähnen, ein Lachen oder sogar durch absolute Ruhe. Es gibt zahlreiche und meisterhafte Praktiken der unternehmerischen Ideen-Tötung.

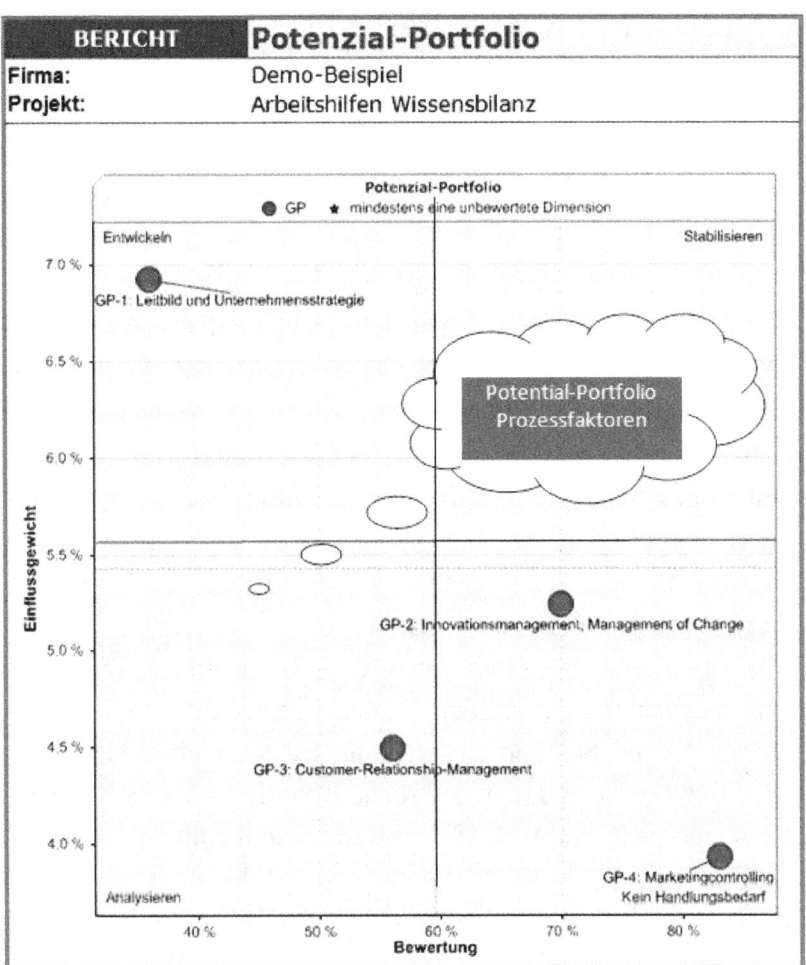

## Vergleiche als Indikatoren für Veränderungen - nichts wird je so gut, dass man es nicht noch verbessern kann

Vergleichen ist ein permanenter Prozess, ständig vergleicht man: sich selbst mit anderen, mein Einkommen mit dem des Kollegen mit dem des Chefs mit dem was andere Firmen zahlen, den heutigen Partner mit dem den man einmal geheiratet hat, also die Vergangenheit mit der Zukunft oder das Wirkliche mit dem Möglichen oder dem Erträumten. Nichts scheint davor sicher, verglichen zu werden. Die Gesellschaft heute ist eben eine Vergleichsgesellschaft, nur Tradition macht Vergleiche überflüssig: alles war schon immer so, ist auch gut so und soll so auch bleiben. Das Gegenstück ist die Idee des Fortschritts: nichts wird je so gut, dass man es nicht noch verbessern kann. Das aber setzt wirklich alles und jeden unter Druck, als unaufhörlich weiter an der (Selbst-)Optimierung zu arbeiten. Die deutschen Schulen stehen unter Stress, weil sie dank Pisa jetzt mit denen in Japan verglichen werden können. Universitäten sind gestresst, weil sie exzellenter sein sollen (müssen) als andere.

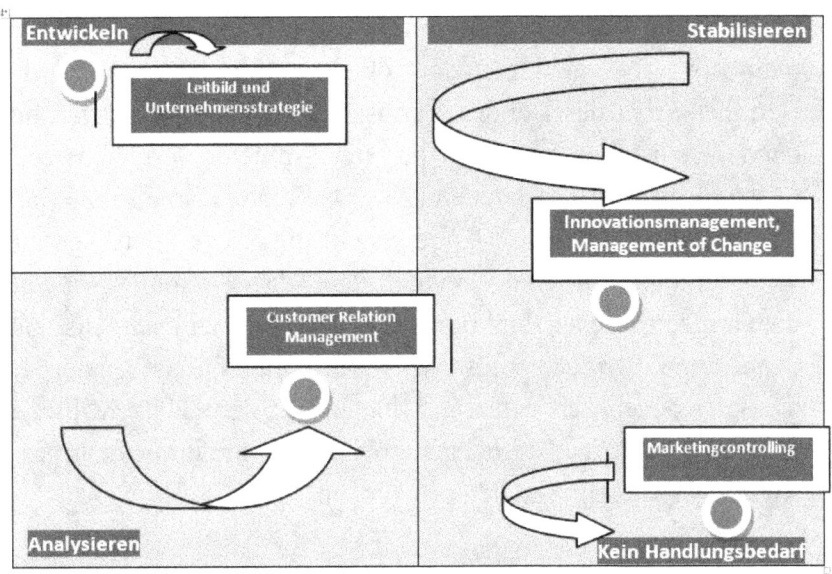
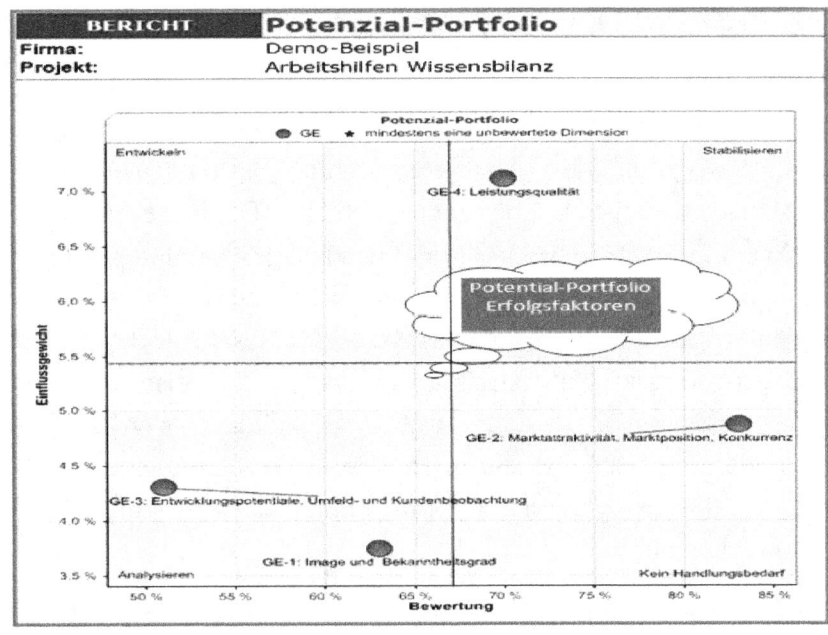

Aber für die Vergleichsmanie gibt es auch Grenzen: „so würde man es als geradezu anstößig empfinden, nach den Betriebskosten des Bundes Verfassungsgerichtes zu fragen und dann festzustellen, dass ein privater Anbieter vergleichsweise günstiger wäre". Vergleichen kann (darf) man also nur innerhalb von Funktionssystemen. Anders sieht die Sache allerdings aus, wenn gesellschaftliche Veränderungen dazu führen (zwingen), die Grenzen solcher Funktionssysteme zu verschieben. Und sich dann einmal fragen müssen, warum ein Fußballspieler für einmal wöchentlich neunzig Minuten auf dem Platz Millionen Euro mehr erhält als ein Facharbeiter für immerhin dann auch sogar noch vierzig Stunden pro Woche.

Um seinen Markterfolg zu sichern, muss der Eigenverleger besser sein als die Konkurrenz. Der Schlüssel dazu liegt in der gezielten Steuerung von Faktoren, die die Wissensfähigkeiten des Eigenverlegers bestimmen. Hierzu müssen systematisch die Ausprägungen der wissensrelevanten Gestaltungsfelder der Managementebene abgefragt werden. Damit erfolgt eine Positionierung der Wissens- und Leistungsfähigkeit des Eigenverlegers: das betriebliche Wissensgeschehen wird in seiner ganzen Bandbreite erfasst. Auf dieser Basis kann der Eigenverleger identifizierte Potenziale ausschöpfen, sich selbst verbessern und dadurch wettbewerbsfähiger werden. Eine wiederholte Nutzung der Selbstbewertungsinstrumente ermöglicht die kontinuierliche Erfolgskontrolle von umgesetzten Maßnahmen.

Aus den Analyseschritten werden solche Maßnahmen abgeleitet, die das größte Entwicklungspotenzial versprechen. Die operative Umsetzung der Maßnahmen ist nicht mehr direkter Bestandteil der Wissensbilanz. Die Wissensbilanz hilft, die besten Maßnahmen zu planen, auf die richtigen Faktoren auszurichten und insbesondere den Maßnahmenerfolg in nachfolgenden Bilanzierungszyklen immer wieder zu überprüfen und mittels Indikatoren zu messen. Auf Grundlage der zuvor erstellten Dokumentationen (Definition der Ausgangslage und Einflussfaktoren, Bewertung nach Quantität und Qualität und Systematik, Indikatoren zur Messung von Veränderungen, Wirkungszusammenhänge) stehen alle Informationen bereit, um im Detail nachzuvollziehen, welche Defizite bestehen, die durch die zu definierenden Maßnahmen ausgeglichen werden sollten und welche Auswirkungen diese Verbesserungen innerhalb des Intellektuellen Kapitals auf den Geschäftserfolg haben würden. Bevor konkrete Maßnahmen definiert werden, sollte geklärt werden, bei wie vielen Einflussfaktoren interveniert werden soll. Dabei sollte bewusst eingegrenzt werden, denn zu viele Interventionen auf einmal können leicht zu unkontrollierbaren Nebeneffekten führen und die Umsetzung erschweren.

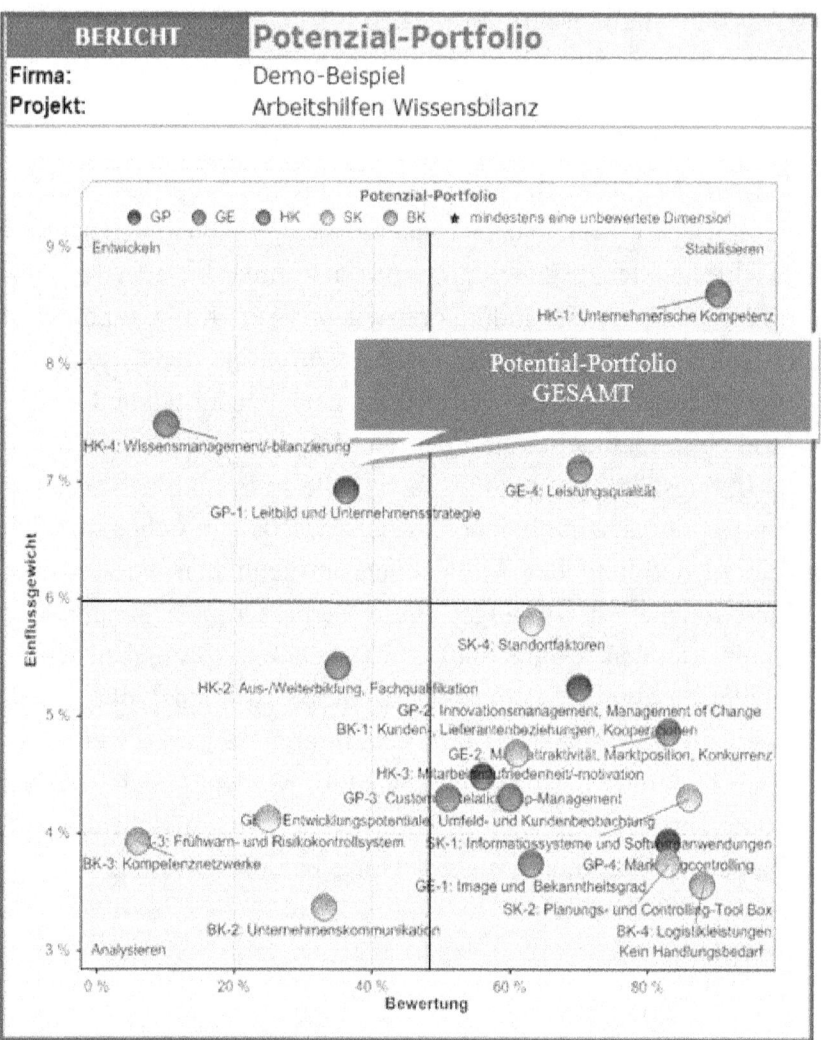

Im Rahmen der hier angesprochenen Arbeitshilfen geht es darum, Analyseergebnisse nicht einfach auf sich beruhen zu lassen, sondern hieraus konkrete Maßnahmen abzuleiten. Diese sollten vor ihrer Umsetzung mit Blick auf die strategische Ausrichtung und unter Berücksichtigung der im Wissensbilanz-Prozess zusammengetragenen/dokumentierten Informationen diskutiert werden. So können Maßnahmen verhindert werden, die an der falschen Stelle ansetzen oder denen Wirkungen unterstellt werden, die in der Analyse nicht identifiziert wurden. Frage: gibt es Hinweise, dass die Geschäftsstrategie geändert werden muss? Falls ja, sollte die Gelegenheit zur Anpassung der Strategie genutzt werden. Außerdem lassen sich spätestens jetzt ganz konkrete Ziele definieren, die die Gesamtstrategie unterstützen. Fundamentale Änderungen der Strategie sollten der Ansatz für die nächste Wissensbilanz sein (eine nachträgliche Änderung in der aktuellen Berichtsperiode würde ggf. den Bewertungsmaßstab verfälschen, da die jeweilige Strategie die "Messlatte" der gesamten Analyse darstellt. Eine Empfehlung besteht darin, die Argumentationen der vorausgegangenen Bewertungen betrachten: diese enthalten meistens Lösungsvorschläge für existierende Probleme oder machen zumindest die Defizite deutlich, an denen angesetzt werden sollte. Die Wirkungsnetze helfen, die Konsequenzen der Maßnahmen transparent zu machen und weiter zu spezifizieren. Auch auf bereits vorhandene Best-Practices achten: bereits erprobte Managementinstrumente sind meistens erfolgreicher als neue Instrumente.

## Kooperationen bedürfen der ständigen Ausschöpfung von Rationalisierungspotentialen und Möglichkeiten der Leistungsverbesserung sowie einer durchgehenden Erhaltung der Funktionstüchtigkeit

Mit der Übernahme von Koordinationsaufgaben kommt es zu einer firmenübergreifenden Koordination von Strukturelementen und Prozessen. Besonders deutlich sind Interdependenzen zwischen Logistik und Qualitätssicherung erkennbar. Ebenso steht die Kommunikation im engen Zusammenhang zu allen übrigen Subsystemen. Die Effizienz einer Kooperation ist umso höher, je besser sämtliche Strukturen und Prozesse koordiniert sind. Allerdings muss sich diese Anforderung gegen die oft sehr speziellen Vorgaben einzelner Funktionsbereiche, wie bestimmte einheitliche Strategien der Qualitätssicherung im Eigenverlag, durchsetzen. Die Grundlage eines steuernden und regelnden Controlling besteht in der Feststellung und Analyse von Abweichungen. Für das Kooperations-Controlling können solche Abweichungen auf der Ebene der Potentiale auftreten, indem sich diese verändern oder Gestaltungsziele nicht erreicht werden. Abweichungen auf der Ebene der einzelnen Kooperationsprozesse können beispielsweise in Qualitätsmängeln, Terminüberschreitungen oder Verzögerungen in der Informationsübermittlung liegen.

Korrespondierende Einflussfaktoren, u.a.:

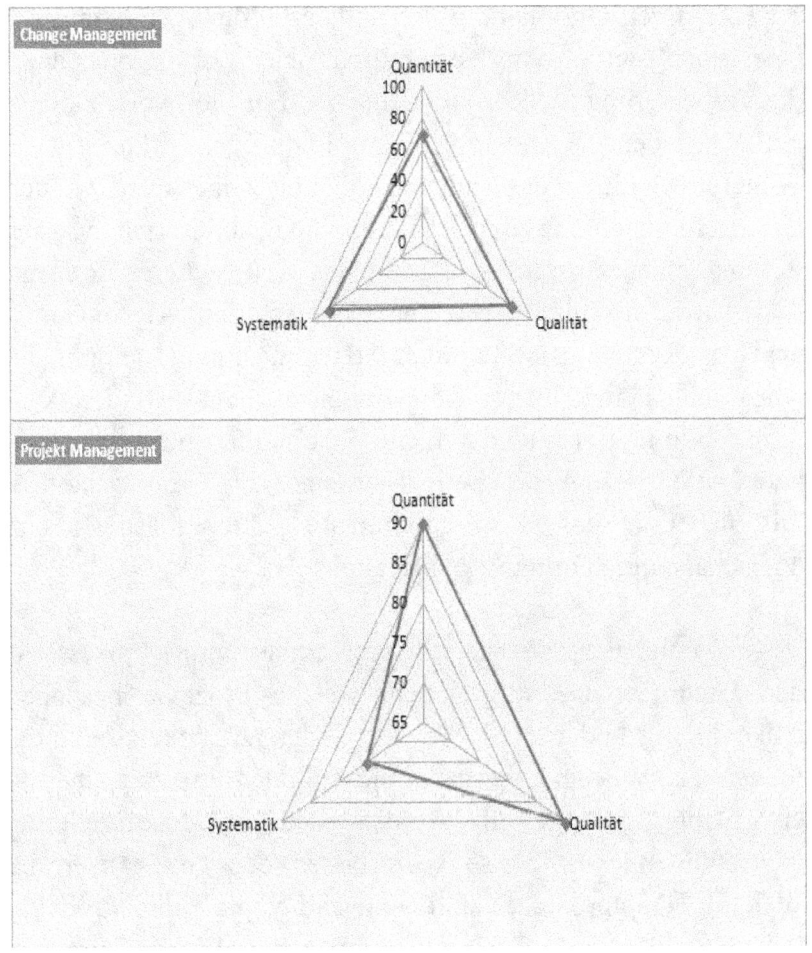

Die dazu korrespondierenden Controllingaufgaben bestehen in der Verbesserung bestehender Steuerungs- und Regelungssysteme durch Optimierung der Sollwerte, die vor allem durch Operationalisierung von Kooperationszielen erfolgt, oder durch die Verbesserung der Kontrollelemente. Beispielsweise kann im Falle anstehender Änderungen am Endprodukt frühzeitig die Weiterentwicklung des Zulieferproduktes angestoßen werden. Die Beschleunigung der Rückkopplung durch die Gewährleistung eines entsprechend schnellen und sicheren Informationsflusses bezüglich Abweichungsinformation, Abweichungsanalyse, Regelungsgröße oder Steuerungsimpuls erhöht die Anpassungsfähigkeit der Kooperation. Erreicht werden kann dieser Informationsfuß durch die Etablierung eines speziellen kooperationsbezogenen Berichtssystems. Eine Personalbilanz hilft dabei, in das zuvor geschilderte Faktoren-Tableau eine überschaubarere Ordnung zu bringen.

Es wird untersucht, welchen Stellenwert bestimmte Prozesse für den Unternehmenserfolg haben, welche Prozesse besonders risikoanfällig und welche eher stabilisierend wirken. Wichtige Fragen u.a.: was sind überhaupt die zentralen Prozesse, über die ein Erfolg sichergestellt werden kann? Welche zentralen wertschöpfenden Prozesse beeinflussen den Geschäftserfolg? Welche Hauptprozesse sind notwendig, um die Produkte/ Leistungen zu erstellen, zu vermarkten? Welche Prozesse verursachen die größten Schwierigkeiten? Welche Prozesse führen zu Engpässen oder Wartezeiten? Welche Prozesse wirken sich am stärksten auf die Kundenzufriedenheit aus? Welche Prozesse haben das größte Einsparpotential?

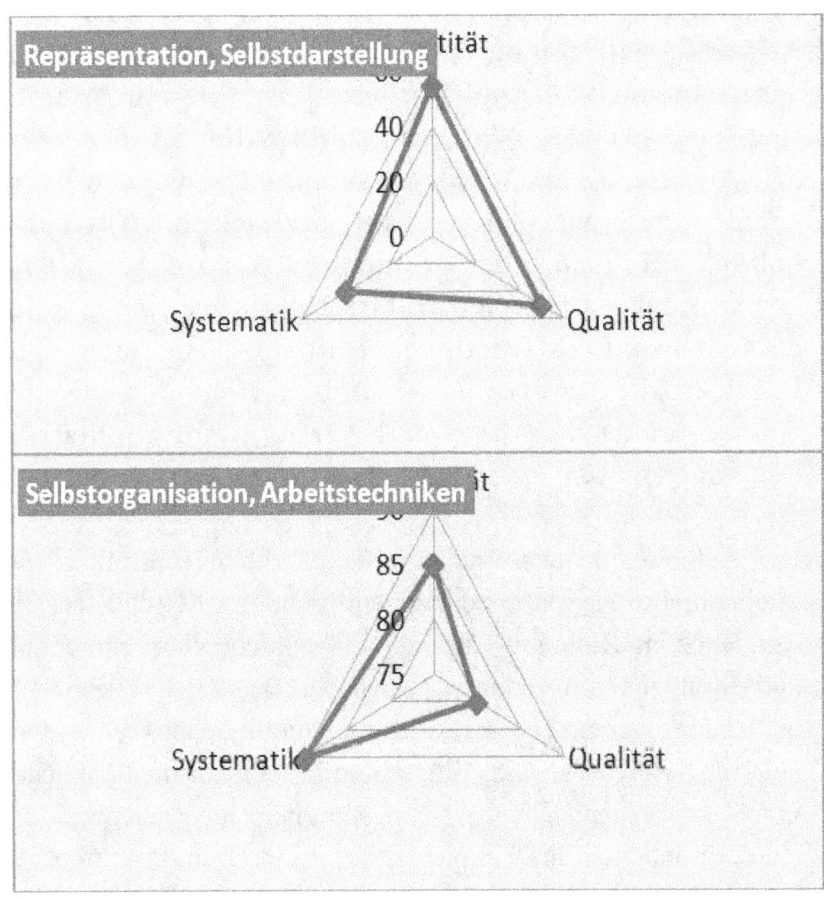

Wissensbilanzen verfügen über das Potential, sich für ein breiteres Anwendungsspektrum zu öffnen. Da hierbei immer der Zukunfts-Rohstoff „Wissen" im Brennpunkt steht, bieten sich für eine derartige Anwendungs-Öffnung vor allem auch die meist sehr wissensintensiven und informationsbasierten Marketingprozesse an. Marketing-Informationssystem und Wissensbilanz haben vieles gemeinsam und bauen beide auf dem einzigen Rohstoff auf, der sich durch wiederholten Gebrauch noch vermehren kann. Die größte gemeinsame Schnittmenge dürfte darin zu finden sein, dass sowohl Marketingcontrolling als auch das Intellektuelle Kapital als wesentliches Kernelement der Wissensbilanz ihr Augenmerk verstärkt auf qualitative, d.h. sogenannten „weiche" Erfolgsfaktoren ausrichten.

Die Kombination aus Analysen für Marketingcontrolling und Intellektuelles Kapital ist dabei behilflich, einen Grundstock für den Blick in Richtung Zukunft und ausschöpfbare Potentiale und Strategien zu richten. Neben dieser strategischen Sicht betriebsbezogenen Handelns lassen sich durchaus aber auch konkrete Hinweise und Empfehlungen für in der täglichen Praxis anzugehende Verbesserungsmöglichkeiten gewinnen. Im Vordergrund steht hierbei nicht so sehr eine Demonstration von betriebswirtschaftlichem Fachwissen. Vielmehr soll der Blick für Funktions- und Arbeitsweisen im Zusammenhang mit Wissensbilanzen geschärft werden. Verbindungen von Wissensbilanzen zu Fragen, die auf den ersten Blick eher im

Marketingcontrolling beheimatet scheinen, sollen transparenter gemacht werden.

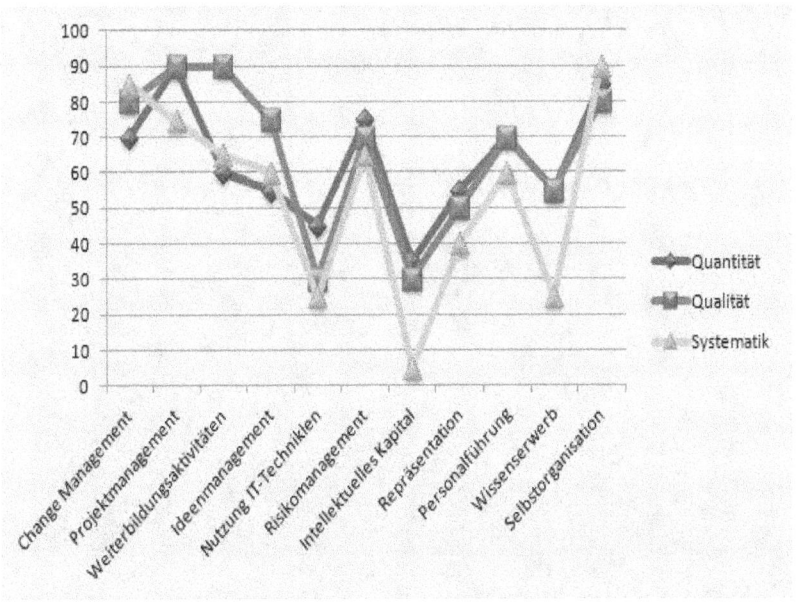

www.ingramcontent.com/pod-product-compliance
Lightning Source LLC
Chambersburg PA
CBHW071030240526
**45469CB00006BD/2154**